KB120418

21세기 사회주의

이스트번 메자로스 지음
전태일을 따르는 민주노동연구소 옮김

한울
아카데미

이 도서의 국립중앙도서관 출판시도서목록(CIP)은 e-CIP홈페이지(http://www.nl.go.kr/ecip)에
서 이용하실 수 있습니다.(CIP제어번호 : CIP2012000037)

The Challenge and Burden of Historical Time

Socialism in the Twenty-First Century

[Chapter 9. Socialism in the Twenty-First Century]

ISTVÁN MÉSZÁROS

foreword by JOHN BELLAMY FOSTER

Boitempo Editorial

The Challenge and Burden of Historical Time
Socialism in the Twenty-First Century
[Chapter 9. Socialism in the Twenty-First Century]

by István Mészáros

글을 옮기며

2008년 세계금융공황은 극복되지 않았다. 선진자본주의 나라들의 국가부도위기로 전이되었고, 더 나아가 전 세계의 실물경제 위기로 발전하고 있다. 또한 2011년 말 현재 제2차 세계금융공황이 임박해 있다. 부르주아 경제학자들도 이제는 세계 대공황이 확연함을 부인하지 못한다.

한편, 미·유럽 제국주의는 2011년에 들어 '북아프리카·중동의 봄'을 촉발하고, 그것을 계기로 리비아에 대해 '민주화'를 빙자한 침략전쟁을 일으켰다. 아프리카 나라들의 자주적 단결을 지향하는 아프리카연합을 이끌고 있던 리비아 가다피 정권을 무너뜨림으로써 아프리카 대륙 전체를 재식민지화하려는 것이다. 이어서 똑같은 수법으로 시리아에 침략 공작을 펼치고, 동시에 이란에 대한 전쟁공세도 그 수위를 높임으로써 중동에 대한 재식민지화도 추진하고 있다.

무엇 때문인가? 지금의 세계 대공황에서 벗어날 다른 출구가 없어서가 아닌가? 역사는 반복되지 않는다고 한다. 그러나 21세기 초에 사는 우리가 20세기 전반기와 본질적으로 똑같은 처지에 놓여 있음을 부인할 수 없다. 100년 전인 20세기 초 제1차 세계대전을 눈앞에 두고 독일 혁명가 로자 룩셈부르크는 "사회주의냐 야만이냐"라는 물음으로 당시 정세를 압축적으로 표현했다. 21세기 초에 우리는 다시 똑같은 갈림길에 서 있다.

돌이켜 보면, 세계자본주의는 이미 21세기로 넘어오면서 세계 대공황과 제국주의 침략전쟁의 국면에 들어섰다. 2000년 미국의 IT 거품 붕괴, 2001년 '9·11 테러'와 그에 이은 미 제국주의의 아프가니스탄 침략전쟁 및 '악의 축' 공세, 2003년 이라크 침략전쟁이 그것이다. 세계자본주의는 이미 비틀거리기 시작했던 것이다. 그리고 세계 노동자·민중은 이런 21세기 정세 속에서 제국주의와 초국적 자본 세력에 맞서 싸우며 그 구호를 '반세계화'에서 '반자본주의'로, 더 나아가 '21세기 사회주의'로 점점 더 급진적으로 발전시켜왔다.

우리 연구소는 바로 이러한 정세적 요구에 복무하려고 이 번역본을 내놓는다. 1929년에 비견되는 대공황으로 세계자본주의가 비틀거리고, 그로부터 벗어나기 위해 제국주의와 초국적 자본 세력이 세계 정복의 야욕을 가지고 전쟁을 세계적 범위로 확장해가는, 다시 말해 자본주의의 모순이 인류를 파멸로 몰아가는 이때, 무엇보다도 절실히 요청되는 것은 자본주의 자체에 대한 대안이다. 그 이유는 대공황의 원인이 금융투기나 신자유주의 세계화가 아니라 자본주의 그 자체에 있기 때문이다. 특히 신자유주의 세계화, 대공황, 그리고 전쟁으로 고통 받는 세계 노동자·민중에게 유포되고 있는 케인스주의, 사회민주주의라는 거짓 대안과 거짓 희망은 그 비현실성으로 인해 노동자·민중을 더욱 큰 좌절과 절망으로 이끌어갈 것이고, 또한 결국에는 파시즘으로 가는 길을 닦을 것이기 때문이다. 제1차 세계대전과 1929년 대공황 시기의 이런 역사적 경험을 반복하지 않으려면 자본주의에 대한 대안 문제와 정면 대결할 것이 요구된다.

그런데 자본주의의 대안을 진지하게 모색할 때 무엇보다 먼저 부딪히는 것은 소련의 붕괴가 말해주는 20세기 현실사회주의 또는 역사적 사회주의의 실패이다. 이 역사적 경험이 자본주의에 대한 대안으로서 사회주의를 진지하게 검토하는 것을 가로막아왔고, 더 나아가 자본주의를 넘어서는 꿈을 꾸는 것 자체를 포기하게 만들었다. 이런 어려운 조건에서도 20세기 현실사회주의의 실패 문제와 정면 대결을 하면서 사회주의를 복원하려는 소중한 흐름이 없지 않았다. '21세기 사회주의'에 대한 모색이 그것이다.

소련 사회주의를 비판하면서 새로운 사회주의를 '21세기 사회주의'로 모색한 최초의 사람은 1960년대 쿠바의 체 게바라Che Guevara였다. 그는 자본주의를 넘어선 새로운 사회로서 사회주의를 건설하려면 물질적 토대를 변혁해야 할 뿐 아니라 사람도 사회적 개인 또는 '사회주의적 인간'으로 변혁되어야 함을 강조하면서 '21세기 사회주의'를 꿈꾸었다.

게바라의 이런 꿈은 현실사회주의 체제의 내적 위기가 표면화되기 시작한 1980년대에 쿠바에서 주목되고 부활되었으며, 중남미의 사회운동에서 진지하게 모색되었다. 그리고 1990년대 이후 베네수엘라의 볼리바르 혁명에서 대중적 운동으로 표출되었다. 중남미의 이런 역사적 흐름과 함께하면서 이 문제를 이론적으로 발전시켜온 독보적인 학자가 이스트번 메자로스 교수이다.

소련의 붕괴를 전후해 마르크스주의 학자들은 대부분 마르크스주의와 사회주의를 버리고 자본주의에 투항해 사회민주주의 수준으로 후퇴했다. 이런 대세와는 반대로, 메자로스는 자본주의의 내적 모순에 대한 과학적 분석을 토대로 세계자본주의가 구조적 위기에 직면해 있고 이로 인해 제3차 세계대전과 같은 세계적 차원의 전쟁으로 나아감으로써 인류를 파멸로 몰아갈 것이라고 경고했다. 다른 한편 소련의 내부 파열에 대한 분석을 토대로 20세기 사회주의의 오류와 한계를 비판적으로 성찰함으로써 자본주의에 대한 대안으로서의 사회주의를 '21세기 사회주의'로 복원해냈다(10쪽

'들어가기 전에' 참조).

　이렇듯 '21세기 사회주의'에는 두 가지 의미가 담겨 있다. 20세기 현실 사회주의에 대한 성찰을 토대로 재정립된 사회주의라는 의미와, 21세기의 주·객관적 조건을 반영한 사회주의라는 의미이다.

　노동운동 활동가들과 진보적 교수들로 구성된 우리 연구소의 인간해방 연구팀은 자본주의에 대한 대안과 이행전략 등을 연구하고 모색해왔다. 이 연구팀이 베네수엘라의 볼리바르 혁명을 배우기 위해 2007년 현지 방문 조사를 했는데, 이때 메자로스가 베네수엘라 혁명에 이론적 근거를 제공하고 있다는 것을 알게 되었다. 그리고 2010년 초부터 메자로스의 *The Challenge and Burden of Historical Time — Socialism in the Twenty-First Century*(『역사적 시간의 도전과 책무 — 21세기 사회주의』, 2008)를 강독하는 세미나를 시작했다. 연구팀은 2주에 한 번씩 세미나를 통해 이 책의 주요 부분을 강독식으로 철저히 연구해서 올 상반기에 세미나를 마쳤다. 또한 세미나를 하면서 연구팀원들이 공동으로 이 책을 번역, 출간하기로 결의하고 번역작업을 분담하여 진행했다. 그런데 내용이 무척 어렵고 다른 실천적인 문제로 바빠지면서 번역작업이 더디게 진행되었다.

　올해 들어 세계 대공황과 전쟁 정세가 더욱 급박하게 돌아가는 것을 보고 우리 연구팀은 이 책을 시급히 번역, 출간할 필요를 절감했다. 그래서 현실적 방안으로 이 책에서 가장 중요하고 핵심적인 내용인 제9장 「21세기 사회주의」만이라도 번역해서 우선적으로 부분 출간하고 책 전체의 번역은 차후에 하는 방안을 검토하게 되었다. 이 제9장에서 메자로스는 사회주의 변혁에서 요구되는 주요 목표와 특징을 여덟 가지 지향원리로 제시하여 21세기 사회주의의 상像과 원리를 소상히 밝히고 있기 때문이다. 다행히 저자인 메자로스는 우리의 이런 요청에 대해 동지적 배려로 흔쾌히 동의해주었다.

번역할 때 애로점으로는 우선 철학적 모색과 검토가 많아서 내용 자체가 매우 어렵고, 추상적인 개념 서술이 많은 점이 있었다. 메자로스가 영어권 출신이 아닌 헝가리 출신이어서 그런지 영어 문장이 매우 길고 복잡한 구조여서 번역이 쉽지 않았다. 그러나 의역을 하면 오역의 위험이 매우 크기 때문에 조금 어렵더라도 직역을 원칙으로 했다. 다만 길고 복잡한 문장은 이해를 돕기 위해 몇 개로 나눈 경우도 있다.

그리고 내용적 맥락을 이해하는 데 도움이 되도록 메자로스가 간단히 언급하고 넘어가는 사건, 인물, 개념이나 용어에 대한 역주를 되도록 자세히 달았다. 길거나 중요한 역주는 박스로 처리해서 페이지 상단에 별도로 제시했고, 짧은 역주는 본문 속에 끼워 넣었으며 역주임을 표기했다. 또한 많이 사용되고 있으나 어려운 몇 개의 주요 개념은 이해를 돕기 위해 책 앞부분에 '이 책에 나오는 주요 핵심용어'로 따로 제시했다.

메자로스의 21세기 사회주의에 대한 연구는 그 내용이 매우 풍부하고 심오하기 때문에 내용을 충분히 이해하지 못한 데서 오는 오역이 있을 수 있다. 틀리거나 부족한 점에 대해서는 독자 여러분이 너그럽게 이해해주시기를 부탁드리고 잘못된 부분은 이후 계속 수정, 보완할 것을 약속드린다. 또한 메자로스의『역사적 시간의 도전과 책무 ─ 21세기 사회주의』전체를 번역해서 내년 하반기에는 꼭 출간할 것도 약속드린다.

이 책이 자본주의에 대한 대안을 갈망하고 전망을 고민하는 활동가들에게 운동의 새로운 활력소가 되기를 바라며.

2011년 12월 26일

전태일을 따르는 민주노동연구소

들어가기 전에

존 벨라미 포스터John Bellamy Foster

마르크스Karl Marx는 한때 "이론이 대중을 사로잡자마자 그것은…… 물질적 힘으로 된다"[1]고 서술했다. 이스트번 메자로스István Mészáros가 자신의 새로운 책에서 설명한 바에 따르면, 이런 일이 일어나기 위해서는 이론이, "역사의 근본적 개방성"을 잃지 않으면서 특정한 시기의 민중의 필요를 파악한 역사적 시간의 도전과 책무를 떠맡아야 한다.

오늘날 메자로스의 이론적 통찰력은 라틴아메리카의 볼리바르 혁명 속에서 활약하고 있는 다양한 세계사적 행위자들을 통해 대중을 사로잡음으로써 물질적 힘으로 되고 있다. 그래서 《뉴욕 타임스》 2007년 1월 24일자 기사는 베네수엘라 우고 차베스Hugo Chávez 대통령의 잘 알려진 "이스트번

[역주] 미국 오레곤 대학 사회학 교수(1953~). 미국의 독립 사회주의 잡지 《먼슬리 리뷰(Monthly Review)》의 편집인이기도 하다. 정치경제학, 환경사회학, 마르크스주의 이론 등에 관한 연구와 저술 활동을 하고 있다.

[1] Karl Marx and Frederick Engels, *Collected Works*(『저작집』), vol. 3(New York: International Publishers, 1975), p.182. [역주] 번역본: 『칼 맑스·프리드리히 엥겔스 저작 선집』, 1권(박종철출판사, 1991), 9쪽.

> ➤ **루카치**|György Lukács(1885~1971)   헝가리의 마르크스주의 철학자, 미학자, 문학이론가. 스탈린주의를 비판하는 서구 마르크스주의 전통의 창시자. 1918년 헝가리 공산당에 입당하고 헝가리 소비에트 공화국의 인민위원이 되었으며, 공화국이 반혁명으로 타도되자 빈으로 망명하였다. 그 후 독일, 소련에서 거주하고, 1945년 제2차 세계대전에서 헝가리가 해방되자, 부다페스트 대학의 미학·철학교수를 역임했다. 1956년 헝가리 사태 때 나지Nagy 정권에 참여하고 소련에 반대했기 때문에 이 정권이 붕괴되자 추방되었다가 1957년 귀국이 허용되었다. 그에게는 문학, 미학에 대한 많은 저작이 있다. 대표적인 저작은 『역사와 계급의식(Geschichte und Klassenbewusstsein)』(1923)이다.

메자로스에 대한 존경"에 대해 언급하면서, 이스트번 메자로스가 "상대적으로 잘 알려져 있지 않은 헝가리 마르크스주의 학자로서, 1,000쪽에 달하는 자신의 책 *Beyond Capital*(『자본을 넘어서』)에서 자본주의에 대한 대안이 있다고 주장한다"고 보도했다.

하지만 메자로스는 "상대적으로 잘 알려져 있지 않은" 사상가가 결코 아니다. 그는 1930년에 태어났고 1949년에 부다페스트 대학에 입학했는데, 이곳에서 그는 20세기의 대단히 뛰어난 마르크스주의 철학자 ➤루카치의 젊은 조교가 되었다. 그는 1956년 소련의 헝가리 침공 후에 헝가리를 떠났고, 결국 영국의 서식스 대학에서 철학 교수로 자리를 잡았다. 그는 마르크스, 루카치, 사르트르에 관한 저작들을 포함한 많은 철학, 정치경제학, 문화 저작을 저술했다. 그의 *Marx's Theory of Alienation*(『마르크스의 소외론』, 1970)은 권위 있는 아이작 도이처Issac Deutscher 기념상을 수상했다.

메자로스가 '자본의 지구적인 구조적 위기' 문제를 처음 제기했던 것은 그의 아이작 도이처 기념강연 〈사회적 통제의 필연성〉에서였고, 『마르크스의 소외론』 제3판에 대한 1971년 서문에서였다.[2] 그는 자본주의 내부와 탈자본주의 소련 체제 내부, 양자 모두에서 일어나고 있던 거대한 변화를 인식하면서, 좀 더 긴급한 이 쟁점들에 집중하기 위해 *The Social Deter-mination of Method*(『방법의 사회적 규정』)과 *The Dialectic of Structure and History* (『구조와 역사의 변증법』)이라는 두 개의 미완성 저작 수고手稿 형태로 수년 동안 저술해왔던 주요 철학적 저작을 뒤로 미뤄야 했다. 그 결과가 일련의 주요 저작 세 편이다. 즉 *The Power of Ideology*(『이데올로기의 힘』, 1989), *Beyond Capital*(『자본을 넘어서』, 1995), 그리고 *The Challenge and Burden of Historical Time*(『역사적 시간의 도전과 책무』)가 그것이다.

메자로스의 기념비적인 저작 『자본을 넘어서』는 관점의 근본적 변화와 고전적 마르크스주의의 혁명적 잠재력을 되살린 점에서 마르크스주의 사상의 발전에서 하나의 전환점을 이루었다. 이 저작은 철학·정치학·경제학의 광범한 범위에 걸쳐 있고, 그 제목은 이 저작의 3중의 목표를 반영했다. 즉 자본 시스템을 넘어서고, 마르크스의 『자본론』을 넘어서며, 19세기와 20세기의 역사적 조건하에서 이해되었던 마르크스주의 프로젝트를 넘어서는 하나의 전망을 발전시키는 것이었다.

수많은 핵심적인 이론적 혁신이 이 저작에서 이루어졌다.

1. '자본 시스템capital system'을 강조한 것. 자본 시스템은 생산수단의 사적 소유와

---

2 István Mészáros, *The Necessity of Social Control*(『사회적 통제의 필연성』) (London: Merlin, 1971). 이 책은 나중에 *Beyond Capital*(『자본을 넘어서』)(New York: Monthly Review Press, 1995)에 부록으로 실렸다. 또한 Mészáros, *Marx's Theory of Alienation*(『마르크스의 소외론』)(London: Merlin, 1975), p.10을 참조하라.

결합된 자본주의라는 역사적으로 특수한 제도질서와는 구별되는 것으로서, 노동력의 착취에 근거한 자본체제regime of capital를 말한다.[3]

2. 자본 시스템을 사회의 모든 측면에 침투한 '사회신진대사 통제'의 특정한 질서로서 취급한 것.

3. '자본의 절대적 한계'를 분석한 것.

4. 탈자본주의 사회, 특히 소련 시스템이 자본 시스템 전체를 근절하는 데 실패한 것으로 비판한 것.

5. '실질적 평등'에 근거한 사회신진대사 통제의 대안적 질서를 포함한, 자본의 완전한 근절을 위한 역사적 조건을 밝힌 것.

대니얼 싱어Daniel Singer가 메자로스의 주장이 갖는 혁명적 함의를 요약한 바와 같이, "폐지되어야 할 것은 고전적인 자본주의 사회뿐만 아니라 자본의 통치 그 자체이다. 자본의 통치는 노동에 대한 지배에 달려 있다. 실제로 소련 사례는 노동에 대한 지배를 근절하지 않는다면, '수탈자들을 수탈하는 것'이 충분하지 않다는 것을 입증한다."[4] 메자로스는 『자본을 넘어서』에서 ▶괴테의 삶에서 가져온 비유를 사용하여, 인류의 집을 구성하는 건물

---

3 메자로스에게는 마르크스가 비판의 초점을 특수한 제도질서(생산양식)로서의 자본주의에 맞추기보다는 하나의 포괄적인 사회관계 또는 사회신진대사 통제 시스템으로서의 자본에 맞추었다는 점을 인식하는 것이 핵심적으로 중요하다. 이 점과 관련하여 그의 관점에서는 엥겔스Engels의 감독하에 이루어진 『자본론』의 제1판 영어 번역본이 『자본론』 1권의 부제목을 정확하게 "자본의 생산과정"이라고 번역하기보다 "자본주의적 생산의 비판적 분석"으로 번역했던 것은 유감스러운 것이다. István Mészáros, *Beyond Capital,* p.912를 참조하라.

4 Daniel Singer, "After Alienation(소외 이후)," *The Nation,* June 10, 1996.

➤ **괴테**Goethe(1749~1832) 독일의 위대한 작가, 시인이며 자연연구가이기도 한 사상가. 초기에는 낭만주의 입장을 취했지만 후에는 고전주의 입장에 섰다. 문학활동 외에도 광학에서는 색채론을 주장했으며, 지질학 연구, 생물학에서는 진화론 사상을 주장했다.

의 각 층이, 우리 인류가 그 건물 안에 살고 있으면서도 종국에는 전적으로 새로운 구조가 될 수 있도록, 바닥층에서부터 위층으로 점차적으로 대체되어야 한다고 주장했다.[5]

『자본을 넘어서』는 인간해방을 성性에 기초해서 그리고 생태적으로 이해하는 것을 자본체제를 넘어서는 데 꼭 필요한 구성요소로 설득력 있게 포함시킴으로써 마르크스주의적 비판의 범위를 확장하는 데 기여했다. 이처럼 성에 기초해서 그리고 생태적으로 파악하지 않고는 실질적 평등과 진정으로 지속 가능한 발전이라는 필요조건은 달성될 수 없을 것이다. 이 저작은 다른 어느 저작보다도 더욱 빈번하게 자본의 통제 불능성과 낭비성을 부각시켰다. 전반적인 자본의 통치는 점차 자신의 내적 모순을 다른 곳으로 치환置換할 수 없게 되어 자본의 지구적인 구조적 위기를 만들어낸 결과 그 절대적 한계에 도달하고 있다고 메자로스는 주장했다.

『자본을 넘어서』는 영국 총리 마거릿 대처Margaret Thatcher가 "대안은 없다"고 선언한 것을 수용하는 대신, 유일하게 실행 가능한 대안은 사회에 대한 통제를 자본으로부터 연합한 생산자들에게로 완전히 이전하는 것을 필요로 한다고 주장했다. "혼합" 체제(자본주의와 사회복지의 화해)라는 사회

---

5 Mészáros, *Beyond Capital*, p.423, 493. 또한 이 책도 참조하라.

민주주의적 꿈은 기만적인 것으로 기각되지 않을 수 없었다. 사회민주주의는 자신의 개혁을 통해 자본 시스템의 내적 신진대사를 손보는 데 실패함으로써 도처에서 신자유주의나 원래의 거친 자본주의로 넘어가고 있었다.

『자본을 넘어서』에서 드러난 분석이 얼마나 통찰력이 있는가는 일찍이 1995년에 베네수엘라의 우고 차베스가 "주권이 있는 인민은 권력의 객체이자 주체로 변혁되어야 한다. 이 선택은 혁명가로서는 타협할 수 없는 것이다"[6]라고 선언했을 때, 차베스가 필연적인 대안적 경로를 계획하고 있다는 것을 메자로스가 인식했다는 데서 입증될 수 있다. 그 후 베네수엘라 대통령이 된 차베스는 『자본을 넘어서』의 분석에 직접 의지할 운명이었고, 자본주의적 상품교환에 반대하여 공동체적인 '활동의 교환'의 필요성에 대한 이 책의 주장을 그 자신의 관점에 반영했다. 그래서 차베스는 메자로스를 따라 공동체적 교환을 혁명적 사회변혁의 '아르키메데스의 점'으로 선정했다.[7] ▸'우리 아메리카 민중을 위한 볼리바르 동맹ALBA'에 소속된 국가들 간의 직접적인 '활동의 교환', 베네수엘라의 ▸주민평의회의 발흥, 초국적 자본의 정치적 헤게모니를 해체하는 것을 목표로 한 베네수엘라와 볼리비아의 새로운 제헌의회, 그리고 현재의 라틴아메리카 혁명에서 작업장 협동조합들의 확산 등을 통해, 자본주의적 상품교환의 거의 절대적인 지배가

----

6   Mészáros, *Beyond Capital*, p.711에 인용된 차베스. 또한 István Mészáros, "Bolivar and Chávez: The Spirit of Radical Determination(볼리바르와 차베스, 근본적 규정의 정신)," *Monthly Review*, vol.59, no.3(July~August, 2007), pp. 55~84를 참조하라.

7   Michael Lebowitz, *Build It Now: Socialism for the Twenty-First Century*(『21세기 사회주의를 지금 당장 건설하라』)(New York: Monthly Review Press, 2006), pp. 107~108; Mészáros, *Beyond Capital,* pp.758~760.

► **우리 아메리카 민중을 위한 볼리바르 동맹**ALBA   라틴아메리카와 카리브 제도 나라들 간의 사회·정치·경제적 통합 사상을 기반으로 한 국제협력기구이다. 베네수엘라 차베스 정부가 미국이 제안한 미주자유무역지대FTAA의 대안으로서 처음 제안해 2004년 창설되었다. 자유무역협정FTA과 같은 무역 자유화가 아니라 사회복지, 구상무역과 호혜무역의 비전에 기반을 둔 지역적 경제통합을 추구한다. 회원국은 현재 8개국, 즉 베네수엘라, 쿠바, 에콰도르, 볼리비아, 니카라과, 도미니카, 앤티가바부다Antigua and Barbuda, 세인트빈센트 그레나딘Saint Vincent and the Grenadines이다. ALBA가 표방하는 원칙으로는 이윤이 아닌 국민들의 삶 향상, 모든 회원국 국민에게 무상의료와 무상교육 제공, 회원국의 토지 재분배와 식량안보, 국영기업 육성, 노동운동·학생운동·사회운동 장려, 친환경적인 사업 등이 있다.

► **주민평의회**   베네수엘라의 주민평의회는 각 지역 주민들이 필요와 요구에 맞게 주민회의를 통해 결정하고 기획·집행하는 체계적이고 조직적인 주민 자치 조직이다. 카라카스와 같은 일반 도시를 중심으로 약 200~400가구를 한 단위로 한다. 중앙정부로부터 예산을 지원받아 주변의 어려움에 처한 이웃의 생활고를 해결하는 경제부조에서부터 무료 급식, 지역개발사업, 협동조합 건설 등 그 역할을 점차 늘려가고 있다. 주민평의회는 민중권력의 맹아로서 현재 몇 개의 주민평의회가 네트워크 형태로 결합해 코뮌 단위로 발전하고 있다.

완화되는 중이다.

『역사적 시간의 도전과 책무』는 메자로스의 자본 시스템 비판에 대한 없어서는 안 될 해답의 열쇠인 『자본을 넘어서』를 대신하려고 의도된 책이 아니다. 오히려 두 책은 여러 방식으로 중첩되고 상호 보완한다. 『역사적 시간의 도전과 책무』는 『자본을 넘어서』에 비해 책이 더 얇고 좀 더 쉽게 접근할 수 있는 이점이 있다. 이 점에서 메자로스의 이 새로운 책은 『자본을 넘어서』에 대한 장문의 서론이나 또는 연장된 후기로 읽을 수도 있다. 그러나 이 책은 단순히 그런 것을 훨씬 뛰어넘는다. 『자본을 넘어서』의 강조점이 자본의 지구적인 구조적 위기와 사회주의 이행의 필연적 경로에 놓여 있다면, 『역사적 시간의 도전과 책무』는 역사적 시간 그 자체에 초점을 맞추고 있다. 이 책은 사회주의적 현세성의 필연적 형태와 역사의 근본적 개방성을 다룬다. 『마르크스의 소외론』에서 메자로스가 마르크스의 혁명적 세계관의 규정적 특징으로서 역사의 근본적 개방성을 지목한 이래, 역사의 근본적 개방성은 그의 사상에서 중심적 주제였다.

메자로스가 "시간의 참수斬首(목베기)"라고 부르는 것이 자본 시스템 내의 모든 수준에서 작동한다. 로크J. Locke, 스미스A. Smith, 칸트I. Kant, 헤겔Hegel과 같은 매우 위대한 부르주아 사상가들은 모두 자본주의의 발흥과 동일시되는 '역사의 종말'을 다양한 방식으로 들먹였다. 역사에 대한 똑같은 이데올로기적 폐쇄가 오늘날 세계화라는 지배적인 생각에서, 모더니즘/포스트모더니즘이라는 관념에서, "대안은 없다"는 끊임없는 신자유주의 주문呪文에서, 그리고 소련의 몰락이 역사의 종말에 관한 옛날 헤겔의 견해가 옳음을 증명해 주었다는 프란시스 후쿠야마Francis Fukuyama의 주장에서 보인다.

미래에 대한 이런 기만적인 폐쇄는 알베르트 아인슈타인Albert Einstein이 그의 1949년 논문 「왜 사회주의인가?」에서 "개인들의 불구화"라 비판했던 것을 불가피한 것으로 합리화하려고 의도된 것이다. 아인슈타인은 이 개인들의 불구화를 "자본주의의 최악의 해악"으로 보았고, 사회주의를 역사적으로 추구하는 것이 핵심적으로 중요한 이유로도 꼽았다.[8] 가처분시간[9]에 대한 자유로운 인간의 통제는 자본의 시간회계 체계하에서는 최소화된다. 자본의 시간회계 체계는 기득권의 이익을 위해 생산성과 이윤을 향상시키는 것을 지향하는 끝없는 분分 단위 결정으로 삶을 떨어뜨리려고 한다. 이런 조건하에서는, 마르크스가 관찰했듯이 "시간이 모든 것이고, 인간은 아무것도 아니다. 즉 인간은 기껏해야 시간의 형해形骸일 뿐이다".[10] 개개인은 자기 생활을 하나의 추상적 실재, 즉 추상적 가치의 증진에 바치게 된다.

따라서 자본의 "끝이 잘린 시간회계"는 여타의 모든 고려를 배제한 채 정밀한 분업을 더할 수 없을 만큼 촉진하는 데 그 기초를 둔다. 자본 시스템은 자신이 속도와 양을 근시안적으로 추구하면서 끼치는 어마어마한 인간적·사회적·생태적 손실을 단지 '부수적인 피해'로 치부한다. 이와 달리, 라틴아메리카의 해방자 시몬 볼리바르Simón Bolívar의 위대한 유토피아적 사회주의 스승이었던 시몬 로드리게스Simón Rodríguez는 1847년에 다음과 같이 서술했다. "재화 생산에서의 분업은 노동력을 야수처럼 비인간적으로 만드는 데 기여할 뿐이다. 만약 값싸고 성능이 뛰어난 손톱깎이를 생산하기 위해 우리가 노동자들을 기계로 떨어뜨려야 한다면, 우리는 손톱을 이로 깎는 편이 더 나을 것이다."[11] 메자로스의 견지에서 볼 때 인류의 자기계발이 진정으로 강조되면, 이는 인류 평등주의적 사회관계를 위한 전제조건을 창출하는 한편, 정상적인 노동시간을 주당 20시간 이하로 줄일 수 있게 할 것이다.

8   Albert Einstein, "Why Socialism?", *Monthly Review*, vol.1, no.1(May 1949), p. 14.

9   [역주] 28쪽 '이 책에 나오는 주요 핵심용어' 참조.

10   Karl Marx and Frederick Engels, *Collected Works*, vol.6, p.127. [역주] 번역본: 강민철·김진영 옮김, 『철학의 빈곤』(아침, 1988), 54쪽.

11   Richard Gott, *In the Shadow of the Liberator*(London: Verso, 2000), p.116에 인용된 로드리게스.

『역사적 시간의 도전과 책무』는 자본 시스템이 앞을 내다보는 데 '단기주의'를 넘어설 수 없다고 주장한다. 이것은 다음과 같은 3중의 모순과 연관되어 있다.

1. 자본 시스템의 내재적인 '통제 불능성'. 이는 자본 시스템의 사회신진대사 통제 양식의 적대적인 본질에서 유래한다.
2. 자본 시스템의 끊임없는 경쟁과 독점의 변증법.
3. 자본 시스템의 경제적 경향은 세계화하는데도 지구적 차원의 정치적 통합에 대해서는 자본 시스템이 무능력함. 그러므로 자본 시스템은 계획에 대해 깊은 반감을 보인다.

그 결과, 인간 노동의 지위를 끊임없이 낮추는 것, 이용도를 감소시키는 것, 금융적 기생을 급속히 증대시키는 것, 핵 절멸의 위협이 증가하는 것, 야만이 증대하는 것,[12] 그리고 지구의 생태적 파국을 가속화하는 것이 특징인, 낭비와 파괴가 극대화된다. 1999년 10월 19일 메자로스는 아테네에서 〈사회주의냐 야만이냐〉는 제목의 공개강의를 했는데, 이것은 나중에 같은 제목의 소책자로 증보되어 그리스와 이탈리아에서 2000년에, 그리고 영국

---

[12] 초기 사회주의 사상에 따르면, 야만은 자본주의 '문명'하에서 온전히 극복되기보다는 더욱 진전되고 세련되어지는 것으로 생각되었고, 특히 노예제, 강제 노동, 여성의 야만적 예속, 자의적 구속, 제국주의 전쟁, '토착민의 절멸', 그리고 환경 파괴를 통해 매우 극단적인 형태의 착취·인권박탈과 결합되었다. 자본 시스템은 이런 의미의 야만을 오히려 더 큰 규모로 다시 조장해내고 있음을 메자로스는 시사한다. John Bellamy Foster and Brett Clark, "Empire of Barbarism(야만의 제국)," *Monthly Review*, vol.56, no.7(December 2004), pp.1~15를 참조하라.

에서 2001년에 간행되었다(그리고 이 책의 제4장으로 포함되어 있다). 이 소
책자에서 그는 2001년 9·11 사태가 일어나기 훨씬 이전에, 세계는 "제국주
의의 잠재적으로 가장 치명적인 국면"에 들어섰다고 주장했다. 미국은 지
금 자본 시스템의 국가[세계국가: 역주]가 되려는 헛된 시도로 인류 자체의
절멸의 위험을 무릅쓰고서 실제로 전 지구와의 전쟁에 놓여 있다.[13]

가장 혁명적인 인류 평등주의적 형태의 사회주의가 제시하는 대안적인
사회신진대사 통제양식이 요구하는 시간회계는 서로 전혀 다르다고 메자
로스는 『역사적 시간의 도전과 책무』에서 설명한다. "합리적인 살림살이"
에 기초한 지속 가능한 발전은 실질적으로 평등한 사회의 바깥에서는 불가
능하다. 볼리바르가 평등은 "법칙들의 법칙"[14]이라고 매우 웅변적으로 강
조했던 원칙에 따라, 연합한 생산자들이 사회의 주체이자 객체로 되는 시
스템이 요구된다. 이런 시스템은 위로부터의 명령을 통해서가 아니라 집단
적 필요와 매우 광범위한 민주주의적 참여에서 유래하는 포괄적인 사회적
기획에 의해서만 성취될 수 있다.[15] 그 목표 지점은 필요와 생산성 간의 현
재의 괴리를 극복하는 질적인 인간 계발을 목표로 삼는 근본적으로 변경된

---

13 이 측면과 관련해서, 열렬한 갈채를 받은 마이클 하트Michael Hardt와 안토니오 네
그리Antonio Negri의 *Empire*(『제국』)의 토대를 이루고 있는 제국주의의 종말에 관
한 공허한 주장들과 비교할 때, 메자로스의 주목할 만한 통찰력은 훨씬 더 돋보인
다. John Bellamy Foster, "Imperialism and 'Empire'(제국주의와 '제국'),"
Monthly Review, vol.53, no.7(December 2001), pp.1~9를 참조하라.

14 Simón Bolívar, "Message to the Congress of Bolivia, May 25, 1826," *Selected
Works*, vol.2(New York: The Colonial Press, 1951), p. 603.

15 이 점에서 메자로스는 Harry Magdoff and Fred Magdoff, "Approaching Social-
ism(사회주의에 접근하기)," *Monthly Review*, vol.57, no.3(July/August 2005),
pp.19~61에 의존한다.

시간회계일 것이다. 이런 방향으로 결정적으로 진전된 혁명은 "역사적으
로 불가역적"으로 될 것이다.

자신의 헝가리 동료인 ➤아틸라 요제프의 혁명시(1933)에서 매우 젊은 세
대로부터 영감을 얻은 메자로스가 자신의 저작에서 그 시인을 자주 인용하
고 자신의 새로운 책을 그에게 헌정한 것은 놀라운 일이 아니다. 메자로스
는 요제프가 쓴 시에서 다음과 같은 대목에 주목한다.

> 사제들에 뒤이어 병사 그리고 시민,
> 그리하여 우리는 마침내
> 법칙에 충실히 귀 기울이는 사람이 되었네…….[16]

이것은 이론이 대중을 사로잡고, 그래서 대중이 "법칙에 충실히 귀 기울
이는 사람"이 됨에 따라 새로운 물질적 힘이 출현한 역사적 시간의 도전과
책무를 표현하고 있다.

---

[16] "On the Edge of the City," in Attila József, *The Iron-Blue Vault*(Newcastle upon
Tyne: Bloodaxe Books, 1999), p.100. 실제 사용된 영어 번역은 *The Challenge
and Burden of Historical Time*, Chapter 10. 1[이 책의 전체 버전 『역사적 시간의
도전과 책무』 제10장 1절: 역주]에 나와 있는 메자로스의 번역을 따른다.

CONTENTS

이 책에 나오는 주요 핵심용어

1. 역사적 시간 historical time

이 개념은 우리가 일상적으로 사용하는 시간, 즉 자연적 시간 개념과 구별된다. 통상적인 자연적 시간 개념이 추상적이고 일반적인 우주宇宙 시간임에 비해, 역사적 시간은 인간적으로 의미 있는 시간을 말한다. 인류의 발달과 더불어 자연 자체도 인간화되면서 시간에서 근본적으로 새로운 차원이 등장하여 시간 개념이 크게 달라진다. 비록 개개인은 제한된 생애를 살지만, 인류는 동물세계와 달리 역사적으로 창조되고 변화하는 조건하에서 역사적으로 발전하는 개인들로 구성된다. 따라서 장구한 역사적 발전 덕분에 시간문제는 개인들의 짧은 생애 동안 생존할 필요성이라는 맥락에서뿐 아니라, 개인들이 자신의 생활 활동의 참된 주체로서 뜻있는 생활을 창조하기 위해 직면하는 도전이라는 인간적 맥락에서도 나타난다. 이런 인간적이고 역사적인 내용을 담고 있는 것이 역사적 시간 개념이다. 반면에 자연적 시간은 아무런 내용이 없는 공허한 시간 개념이다. 예를 들면, 개인들이 자신의 생활 활동을 통제하는 데서 참된 역사적 주체로서 스스로를 주장하고 실현할 수 있는 가처분시간은 개인들의 실제의 '역사적 시간'인 반면, 자본의 이윤을 위해 가치를 생산하는 데 요구되는 필요노동시간은 반反역사적이다.

2. 사회신진대사 social metabolism

신진대사新陳代謝, metabolism란 '물질대사'와 같은 말로, 그 사전적 의미는 "생물체가 몸 밖으로부터 섭취한 영양물질을 몸 안에서 분해하고, 합성하여 생체 성분이나 생명 활동에 쓰는 물질이나 에너지를 생성하고 필요하지 않은 물질을 몸 밖으로 내보내는 작용"이다. 마르크스는 노동과정에 대한 설명에서 인간과 자연 사이의 관계를 이 용어로 표현한다. "[노동]과정에서 인간은 자신과 자연 사이의 신진대사를 자기 자신의 행위에 의해 매개하고 규제하고 통제한다." 기존의 마르크스주의 용어법에서는 생산에서의 인간과 자연 사이의 관계를 '생산력', 생산에서의 인간들 사이의 사회관계를 '생산관계'로 표현한다. 그리고 마르크스주의의 자본주의 분석과 비판은 주로 생산관계와 가치 차원에 집중되어 이루어져 왔다. 그러다 보니 이론적으로 인간과 자연 사이의 관계와 사용가치 차원에 대한 분석과 비판은 마르크스주의 분석틀 자체에서 소홀히 되는 한계를 드러냈고, 자본주의의 자연 파괴와 생태 문제를 체계적으로 분석·비판하지 못했다. 메자로스는 기존 마르크스주의 분석틀의 이런 한계를 극복하기 위해 '사회신진대사' 개념을 도입하여 기존의 인간들 사이의 사회관계와 가치 차원에 인간과 자연 사이의 관계와 사용가치 차원을 체계적으로 통합하려고 시도한다. 그러므로 '사회신진대사' 개념은 인간들 사이의 사회관계뿐 아니라 인간과 자연 사이의 관계도 포괄하며, 따라서 가치 차원뿐 아니라 사용가치 차원도 중요하게 포함시킴으로써 자본주의의 모순과 한계를 총체적으로 분석할 수 있게 해준다. 동시에 이 개념은 '21세기 사회주의'라는 대안도 더욱 총체적이고 풍부하게 구상할 수 있게 해준다.

3. 자본 시스템 capital system

'자본 시스템' 개념은 저자 메자로스가 소련, 동유럽 등 현실사회주의 나라들(탈脫 자본주의 사회)의 실패한 경험을 비판적으로 성찰하면서 새롭게 사용한 것으로, 자본주의 또는 자본주의 체제 개념과는 구별된다. 즉 '자본 시스템'은 생산수단의 사적 소유와 결합된 자본주의라는 역사적으로 특수한 생산양식과 구별되는 개념이다. 메자로스는 자본 시스템 개념을 사회의 모든 측면에 침투한 사회신진대사 통제의 특정한 질서로서, 노동력의 착취에 근거한 자본체제 regime of capital라는 의미로 사용한다. 메자로스는 소련 사회가 탈자본주의를 지향했으나 자본 시스템 전체를 근절하지 못했기 때문에 결국 내적으로 파열되었고, 자본주의의 복원으로 귀결되었다고 비판한다. 메자로스는 『자본론』에서 마르크스의 비판의 초점이 특수한 생산양식으로서의 '자본주의'에 맞추어져 있기보다는 하나의 포괄적인 사회관계 또는 사회신진대사 통제 시스템으로서의 '자본'에 맞추어져 있다는 점을 강조하며 '자본 시스템' 개념을 도입한다.

4. 필요노동시간 necessary labor time

노동일 가운데 노동자의 자기재생산 비용인 임금에 해당하는 노동시간을 말한다. 자본은 노동일에서 필요노동시간을 공제한 시간인 잉여노동시간을 잉여가치로 착취한다. 사회적 차원에서 보면, 사회 전체와 각 구성원들의 유지, 재생산에 필요한 노동시간을 (사회적) 필요노동시간이라 말할 수 있다. 이 필요노동시간을 제외한 시간이 非노동시간으로서의 가처분시간이다. 자본은 이윤추구를 위해 생산력을 발전시킴으로써 끊임없이 전체 사회를 위한 노동시간(필요노동시간)을 최소한으로 감축하고, 따라서 (사회적) 가처분시간을 증대시킨다. 그러나 자본의 경향은 언제나 한편으로는 가처분시간을 창출하고, 다른 한편으로는 이를 잉여노동으로 전환시키는 것이다.

5. 가처분시간 disposal time

'자유롭게 연합한 생산자사회'인 사회주의에서 노동을 조직하는 원리는 사회적으로 가용한 노동력을 사회적 필요에 따라 합리적으로 배치하는 것이다. 사회 전체를 위한 필요노동시간은 사회적 개인의 필요욕구에 따라 규정될 것이고, 사회적 생산력이 발전함에 따라 가처분시간은 증대할 것이다. 그래서 필요노동시간이 크게 단축되고 자기계발과 향유를 위한 '자유시간'인 가처분시간이 크게 증대한다. 즉 사회구성원 모두가 노동하는 노동의 보편성과 동시에 노동시간이 크게 단축되는 사회주의 원리를 표현한 것이 '가처분시간' 개념이다. 마르크스는 사회주의 사회에서 부富의 척도는 이제 노동시간이 아니라 가처분시간이라 말한다.

21세기에 사회주의 문제가 제기되는 것은 두 가지 측면에서이다. 하나
는 과거[소련, 동유럽 등 현실사회주의의 붕괴: 역주]에 대한 비판적 평가의 필
요성에서, 또 하나는 예상되는 근본적인 변화 전략 속에 포함되어야 할 기
본적인 필요조건을 확인하는 불가피한 도전이라는 측면에서 제기된다. 이
작업은 매우 절박하게 수행되어야 한다. 기존의 사회신진대사[1] 질서에 대
해 가장 악질적으로 옹호하는 사람들만이 현재 진행 중인 파괴적인 발전
추세에 대한 대응의 절박함을 부인할 수 있을 것이다.

　이 글에서 우리는 사회주의 변혁에서 요구되는 주요 목표와 특징을 미래
의 실행 가능한 전략을 수립할 때 입각해야 할 **지향원리**orienting principles로
간략하게 제시할 것이다. 여기에서 서술되는 특정한 논점들의 순서는 뒤의
것이 반드시 앞의 것에 종속된다든지 하는 중요도의 순서를 의미하는 것은
아니다. 문제가 되는 쟁점들의 바로 그 본질 때문에 중요도 순서로 서열을
매기는 것은 부자연스럽고 왜곡될 여지가 있다. 왜냐하면 진정한 사회주의

1　[역주] 26쪽 '이 책에 나오는 주요 핵심용어' 참조.

변혁의 규정적 특징들은 긴밀하게 통합된 전체를 구성하고 있기 때문이다. 이 특징들 모두는 서로를 규정하고 전면적인 연관을 맺음으로써 자기 자신을 지탱하고 또한 서로를 지탱해준다는 측면에서 ▸'아르키메데스의 점'이다. 달리 말하면, 그 특징들은 모두 전반적인 전략에서 장기적으로 어느 것도 소홀히 하거나 빠뜨려서는 안 된다는 의미에서 동등하게 중요하다. 이는 사회주의 변혁이라는 여행을 시작할 때 그 특징들이 얼마나 **직접적으로** 관련되는가에 관계없이 그러하다.

그럼에도 그 특징들이 별개의 논점으로 서술되어야 하는 이유는 두 가지이다. 첫째, 상대적으로 동질적인 요소들을 동일한 표제標題하에 함께 묶어내는 것이 분석하는 데 도움이 된다. 전체의 복합적 상호연관이, 조금 동떨어지고 다소 대조적인 일련의 매개들을 그들 고유의 특정한 맥락 속에서 활동시킴으로써만 수립될 수 있을 때 특히 그러하다. 그리고 둘째, 진정으로 영속적인 사회주의 변혁의 특정한 특징과 필요조건들을 실현하는 데 걸리는 시간이 똑같을 것으로 생각할 수 없다. 주장되는 변화의 일부는 당연히 다른 것들보다 상당히 일찍 실행될 것이다. 그러나 매우 어려운 목표의 경우 그 실현에 불가피하게 시간이 더 오래 걸린다 할지라도, 요구되는 근본변혁이 온전히 성공하려면 바로 처음부터 핵심적인 것으로 인정되어야 한다. 그렇지 않으면 조만간 전체 기획은 궤도를 이탈하거나 훼손되고 말 것이다. 왜냐하면 여행의 **전반적 목적지**를 명확히 하지 않고서는, 그리고 그와 함께 그 목적지에 도달하기 위한 **전략적 방침**과 필요한 나침반 없이는 성공을 기약할 수 없기 때문이다. 전 세계에 걸친 사회민주주의의 재앙적인 역사적 실패는 이 지점을 우리에게 강력하게 상기시켜주고 경고해준다. 사회민주주의의 역사적 실패는 ▸'목표는 중요하지 않고, 운동이 모든 것이다'라는 거짓된 만병통치약 때문이기도 했다. 이 문구는 사회민

> **▶ 아르키메데스의 점**Archimedean point 관찰자가 탐구 주제를 총체적 관점에서 객관적으로 지각하게 해주는 가설적 지점을 가리킨다. 연구 대상을 그 밖의 모든 것과의 관계에서 볼 수 있도록 하고 그것들을 독립적으로 유지하도록 하는, 그 연구 대상에서 '자신(관찰자)을 제거하기'라는 이상Ideal이 '아르키메데스의 점'의 관점으로 묘사된다. 이 표현은 고대 그리스의 과학철학자 아르키메데스가 충분히 긴 지렛대와 그것이 놓일 장소만 주어진다면 지구라도 들어 올릴 수 있다고 주장했던 것에서 유래한다.

> **▶ 목표는 중요하지 않고, 운동이 모든 것이다** 사회민주주의의 원조元祖인 독일의 베른슈타인이 마르크스의 혁명적 사회주의로부터 이탈한 자신의 수정주의를 정당화하기 위해 만들어낸 문구. 이 문구는 마르크스의 저작 『독일 이데올로기』에 나오는 공산주의에 대한 다음의 개념 규정을 교묘하게 왜곡한 것이다. '우리에게 공산주의란 조성되어야 할 하나의 **상태**, 현실이 이에 의거하여 배열되는 하나의 **이상**이 아니다. 우리는 현재의 상태를 지양해나가는 **현실적** 운동을 공산주의라고 부른다'[번역본: 『칼 맑스·프리드리히 엥겔스 저작 선집』, 1권(박종철출판사, 1991), 215쪽]. 마르크스는 여기서 공산주의가 관념으로만 존재하는 유토피아 또는 하나의 고정된 모델이나 교조敎像가 아니라 역사적 필연성으로 전개되는 현실적 운동이라는 점을 강조했는데, 베른슈타인은 이를 "목표는 중요하지 않고"로 왜곡하고 있다.

주주의의 애초의 개량주의적 강령이 지배질서의 가장 불합리한 측면까지도 지켜주는 반동적인 것으로 변질되게 만드는 데 크게 기여했다.

　기존의 파괴적인 사회신진대사 통제 시스템을 근본적으로 부정하는 것은 분명 우리가 요구하는 것 중 한 측면일 뿐이다. 자본 시스템[2]에 대한 부

2　[역주] 27쪽 '이 책에 나오는 주요 핵심용어' 참조.

정은 확실히 필요하지만, 그것만으로 성공을 거둘 수 있는 것이 아니라 전체 기획의 긍정적인 측면이 그 부정을 보완할 때에만 성공을 거둘 수 있다. 즉 대안적인 사회재생산 질서의 점진적인 창출이 그것이다. 여기서 대안적이라는 것은 장기적인 역사적 견지에서도 참으로 지속 가능할 뿐 아니라 애초부터 인간에 의해 통제 가능하고 실행 가능하다는 것을 뜻한다. 이런 접근방식은 불가피하게 복합적이고 뒤얽힌 사회적 과정을 가리키는데, 이 사회적 과정은 사회주의 변혁의 모든 개별 목표와 필요조건을 개방된 역사적 과업에서 필요한 한 부분으로 정의한다. 이는 사회주의가 '유토피아적인 폐쇄된 시스템'[이상ideal이나 이념에 따라 고정되고 완결된 시스템: 역주]이어서 옹호될 수 없는 독재 수단에 의해 기껏해야 일시적으로만 현실에 부과될 수 있기 때문에 실패할 운명이라는, 사회주의에 쏟아지는 자의적인 비난과는 정반대이다. 초점이 되는 어느 시기에나 특정 목적들이 상호 간에 서로를 규정하고, 그러한 상호 규정을 통해 유기적으로 전체를 발전시킴으로써 특정 목적들은 명시적이든 아니든 항상 전반적인 기획을 표현함과 동시에 심화되고 풍부해질 뿐 아니라 강화되는 것이다. 이것이 바로 본래 사회주의 목표와 필요조건이 사회적 과정에서 내재적으로 규정된다는 것이 의미하는 바이다. 그리고 이는 사실 사회주의에 쏟아지는 자의적인 비난과는 반대되는 것이다. 이런 조건하에서 21세기 사회주의 변혁의 주요 목표와 필요조건은 지금부터 우리가 논의하는 바와 같은 특징을 갖는다.

1. 불가역성: 역사적으로 지속 가능한 대안 질서의 불가피함

우리는 그간의 역사에서 몇몇 주요 모순을 극복하기 위해 의미 있는 사회 변화를 가져오는 데 숭고한 노력을 바쳤던 수많은 사례뿐 아니라, 원래 의도한 대로 이루어진 부분적인 몇몇 성공 사례도 볼 수 있다. 그러나 그러한 성공은 모두 조만간 변화 이전 상태의 의존관계가 복원됨으로써 역전된 적이 너무도 자주 있었다. 그렇게 역전되는 주요 원인은 때때로 사회 상층부 인사들의 부분적 교체가 있어도 역사를 통해 이러저러한 형태로 재생산되어온 구조적 불평등의 숙명적 관성이 발현되기 때문이다. 왜냐하면 구조적 불평등이 짧거나 긴 쇠사슬을 달고 있는 닻의 역할을 했기 때문이다. 즉 주요한 역사적 격변기에 배의 일부 선원들이 아무리 굳세게 마음먹고 앞으로 나아가려고 해도 구조적 불평등이 항해에서 그로부터 더 나아갈 가능성이 없는 것처럼 여겨지는 지점으로 배를 끊임없이 끌어당기는 닻과 같은 역할을 했던 것이다. 설상가상으로, 기존 질서에 의해 지배되어온 민중의 궁핍은 역사적으로 규정되고 인간의 힘으로 해결될 수 있는 것인데도, 정기적으로 인재人災가 아니라 천재天災로 개념화되고 이데올로기적으로 합리화되었다. 심지어 어느 모로 보나 구조적 불평등의 만연이 결코 유익하지 않다고 인정되어야 할 때조차도 그러했다.

이런 종류의 합리화 ─그리고 정당화될 수 없는 것의 정당화 ─ 의 필연적 귀결은 ('인간 본성'과 잘 부합된다고 하는) 사회적 불의不義가 변치 않는 자연의 규정으로서 불변이고 이치에 맞는다는 것이다. 그러나 불변이라는 생각 자체가 분명히 인식 가능하고 절박한 역사적 변화의 증거에 의해 의문에 붙여진다면 어떻게 될까? 왜냐하면 사악한 사회경제적 힘에 의한 파괴적인 개입이 지속됨에 따라 끊임없이 변화하는 지구상의 자연 자체가 파국적으로 훼손되고 있는 사실은 물론이고, 인간의 역사적 시간은 자연의 불변성으로는 측정할 수 없음을 인정할 수밖에 없게 되자마자 반反 역사적인 정당화의 추론 전체가 무너지기 때문이다. 그 지점에서, 인간 역사를 끝장내는 방향으로 나아가는 위험천만한 사회적 적대관계를 발본적으로 극복하기 위해 우리가 진정한 역사적 시간의 잠재력과 한계 내에 순응하는 것이 불가피해진다. 그 시점이 바로 오늘날 우리가 서 있는 시점이다. 지금 우리가 요청하는 치유책인 지속 가능한 대안적 사회질서 형태와 동시에 그것을 불가역적으로 만들기 위한 적절한 안전장치를 마련하는 것은 오늘날 피할 수 없는 역사적 도전이다. 왜냐하면 오늘날 냉소적이고 자의적으로 상상된 것이 아닌, 명백하게 통제할 수 없는 '실제의' 대량살상무기가 축적되어 배치되고 있고, 다른 한편 자본이 가공할 만큼 자연을 파괴하고 있기 때문이다. 그리고 인류의 존망이 걸린 이런 독특한 역사적 시간의 절박성을 감안하면, 인류가 마치 그런 현실을 교정할 수 있는 시간을 무한히 갖고 있는 것처럼 생각하면서 그 도전에 성공적으로 대응하지 못하고 더욱 파괴적인 사회질서로 되돌아가는 위험을 무릅쓸 수는 없기 때문이다.

　자본 시스템의 심각한 구조적 위기를 전제하면, 오늘날 우리에게 남은 유력한 양자택일은 **사회주의냐 아니면 야만이냐**이다. 그 야만이 인류의 완전한 절멸은 아닐지라도. 이런 부담스러운 역사적 사실 때문에, ➤'최소저항노선'의 수용과 그에 따른 사회주의 운동의 수세적 대응에서 비롯된 과거의 실패와는 대비되는, 어떤 계기에도 뒤집혀질 수 없을 일련의 일관된 전략을 추구할 것이 요청된다. 동시에 지속 가능한 사회주의 변혁의 **목표**는 아주 일시적으로만 유지될 수 있는 '자본주의의 전복'이 아니라 사회신진대사 과정에서의 **자본의 근절**根絶로 확실히 방향이 전환되어야 한다. 그렇지 않으면 20세기 소련형型 사회에서 목격했듯이, 물려받은 시스템의 낡은 구조가 분명히 소생하게 된다. 그리고 그러한 소생은 자본주의가 실제로 복원되었던 해당 사회들뿐만 아니라 인류 전체에도 잠재적으로 파멸적인 결과를 초래하고 있다. 실제로 인류 전체에 그런 결과를 가져온 이유는 사회주의 세력이 이데올로기적 무력화로 인해 위축되었기 때문이다. 자본 시스템 전반의 구조적 위기가 심화되고 있는 훨씬 더 근본적인 조건들은 간과된 반면, 일부 지역에서 자본주의의 복원이 거둔 상대적인 성공[예컨대 중국의 급속한 경제성장: 역주]은 전혀 균형감각 없이 내면화된 데서 이 이데올로기적 무력화는 비롯된다.

　마르크스는 우리에게 부분적 패배로 인해 예전보다 더 강력하게 재출현하는 자본주의의 힘에 대해 경고하며, 자본의 그러한 복원력과 대비해서 프롤레타리아 혁명에 요구되는 지향이 다음과 같은 특징을 갖는다고 말했다.

► **최소저항 노선**line of least resistance　19세기 말 20세기 초 러시아 혁명운동에서 경제주의자들이 노동자계급의 투쟁은 경제투쟁으로 제한해야 하고 정치투쟁은 혁명적 인텔리나 대학생에게 맡겨야 하며, 노동자정당도 '최소저항 노선'에 따른 전술을 구사해야 한다고 주장했던 데서 유래한다. 노동자들은 노동자계급의 역사적 임무를 인식할 수 없고, 그들 자신의 생활을 통해 자신의 이해관계만을 인식할 수 있기 때문이라는 것이다. 노동자들에게 의식을 확산시키는 것은 오로지 물질적 조건 자체이고, 따라서 '어린애' 같은 노동자들은 고상하고 추상적인 이념이 아니라 실제적 개량에 의해서만 획득될 수 있으므로, 이들의 '최소저항 노선'은 경제적 성격을 지닌 노동자 자신의 투쟁을 추종하는 것을 의미했다. 레닌은 『무엇을 할 것인가』(1902)에서 '최소저항 노선'을 "부르주아 노동조합주의 노선"이라 비판했다. 레닌은 노동운동과 사회주의의 융합이라는 관점에서 "최소저항 노선을 따르는 운동"은 "자생적 운동"으로 부르주아 이데올로기에 지배될 수밖에 없다며 경제주의자들이 자생성에 굴종하는 것을 비판했다. 이처럼 '최소저항 노선'은 경제투쟁과 정치투쟁을 기계적으로 분리하는 점에서 오류일 뿐 아니라, 노동자계급을 '어린애'처럼 물질적 이해관계에만 집착한다고 보는 잘못된 엘리트주의적 대중관에 입각하고 있다. '최소저항 노선'은 정치투쟁의 내용을 경제적인 것으로 한정한 정치적 조합주의 또는 정치적 경제주의 노선으로서, 사회변혁을 포기한 개량주의 노선이다.

…… [프롤레타리아 혁명은: 역주] 항상 자기 자신을 비판하고, 진행 도중에 끊임없이 걸음을 멈추며, 완수된 것처럼 보이는 것으로 되돌아와서 다시 새로이 시작하는바, 자신이 처음에 시도한 것의 불완전함과 허약함, 빈약함을 가차 없이 철저하게 비웃는다. 또한 이 혁명이 자신들의 적敵을 땅에다 메다꽂는 것은 다만 그 적이 땅에서 새로운 힘을 흡수하여 더욱 거대해져서 자신들에게 대항하도록 만들기 위해서인 듯하다. 이 혁명들은 언제나, 자신의 목적이 너무나 거대하다는 것에 놀라 거듭 뒤로 물러난다. 그러

➤ **여기가 로두스다. 여기서 뛰어라!**Hic Rhodus, hic salta!　　이 금언金言은 이솝 우화 중의 '뽐내는 운동선수' 이야기를 전통적인 라틴어로 번역한 데서 유래했다. 어떤 운동선수가 자신이 로두스 섬에 있을 때 누구도 따라오지 못할 만큼 멀리 뛰었고, 자신의 말을 입증해줄 증인도 있다고 자랑한다. 그러자 지나가던 한 사람이 "그래! 여기가 로두스라 치자, 여기서 지금 그 점프를 보여줘"라고 말한다. 사람은 스스로 주장한 바에 의해서가 아니라 자기의 행위에 의해 평가되어야 한다는 것을 보여주는 우화이다. 헤겔은 「법철학 서문」에서 이 금언을 사회생활을 변혁할 수 있는 비전秘傳의 지식을 보유했다고 주장하는 특정 신비학파를 염두에 두고서, 사회를 이해하고 변화시키는 요소는 사회 자체 속에 주어지는 것이지 무슨 초월적 세계의 이론 속에 있는 게 아니라는 뜻으로 썼다. 현재도 정치학에서 "당신이 할 수 있는 것을 지금 여기서 입증하라"는 의미로 사용된다. 저자 메자로스는 다음 본문에 나오듯이, 마르크스가 사용한 이 금언을 "불가역적인 사회주의 변혁"이 불가피해지는 "진실의 순간이 온다"는 의미로 해석하고 있다.

다가 마침내 어떠한 반전反轉도 있을 수 없는 상황이 생겨 상황 자체가 다음과 같은 외침이 나오게 되면 이런 물러섬은 끝난다.

➤여기가 로두스다. 여기서 뛰어라!¹

마르크스가 이 글을 쓸 때인 1852년에, "여기가 로두스다, 여기서 뛰어라"라는 피할 수 없는 명령이 인류의 잠재적인 자기 파괴의 위험이 명백히 임박한, 심각한 사회·역사적 비상상황에서 제기될 것이라고 예상할 수가

1　Marx. "The Eighteenth Brumaire of Louis Bonaparte," in Marx and Engels, *Collected Works*, vol.11(London: Lawrence and Wishart, 1979). p.107.
[역주] 번역본: 「루이 보나파르트의 브뤼메르 18일」, 『칼 맑스·프리드리히 엥겔스 저작 선집』, 2권(박종철출판사, 1992), 291쪽.

> **▶ 안티우스**Anteus 그리스 신화에 나오는 안티우스는 괴력을 지닌 그리스 씨름꾼으로, 바다의 신 넵튠과 대지의 여신 가이아 사이에서 태어났다. 그런데 안티우스는 땅에 닿았을 때만 그 괴력을 발휘할 수 있었다. 그가 리비아를 지배하면서 폭정을 하고 있을 때, 리비아를 통과하고 있던 헤라클레스가 이를 참지 못하여 둘이 싸우게 되었다. 힘센 헤라클레스가 안티우스를 봉제인형을 내던지듯이 메다꽂았으나, 그때마다 안티우스는 그전보다 더 힘이 세져서 돌아왔다. 이때 한 젊은이가 헤라클레스에게 안티우스의 힘의 원천이 땅이니 그가 땅에 닿지 않도록 해야 한다고 알려주었다. 그래서 헤라클레스는 안티우스를 공중에 들어올려 목숨이 끊어질 때까지 꼭 껴안았다. 마침내 헤라클레스가 승리하자, 리비아 주민은 폭군 안티우스의 패배를 기뻐했다.

없었던 것은 당연하다. 그럼에도, 그는 불가역적인 사회주의 변혁의 실행 가능한 전망을 진단할 때 염두에 두어야 할 두 가지 주요 고려사항을 확인해내는 데는 성공했다. 첫째로, 그리스 신화에서 ▶안티우스가 그랬듯이, "지구로부터 새로운 힘을 끌어와 다시 일어서는" 자본의 궁극적으로 가장 위협적인 능력의 인정인데, 따라서 더욱더 파괴적으로 되는 역사적인 적[자본: 역주]의 힘을 영속적으로 극복하기 위한 적절한 전략적 조치들이 마련되어야 한다는 점이다. 지배적인 자본주의 국가들이 자신들의 시스템의 '생산적 생존력'을 입증하기 위해 대량학살 전쟁을 수행할 때 특히 그렇다. 그리고 두 번째로, 역사의 전개과정에서 '최소저항 노선'을 추구하는 것이 더는 이치에 맞지 않고, 도약하려는 시도가 불가피해지는 시기가 도래한다는 깨달음이다. 우리 시대의 역사적으로 비상한 상황으로 인해 마르크스의 두 번째 고려사항에서 변경되어야 할 것은, 오늘날 '최소저항 노선'을 추구하는 것은 "이치에 더는 맞지 않을" 뿐 아니라, 사회의식의 최전선에서 자멸적인 것으로 될 수밖에 없다는 의미뿐이다.

2. 참여: 연합한 생산자들에게 의사결정을 점진적으로 이전하는 것

정치적·문화적·경제적 통제의 모든 수준에서 이루어지는 의사결정 과정에 연합한 생산자들이 온전히 참여하지 않고서는 대안적 사회질서를 불가역적으로 만드는 것은 생각할 수조차 없다. 왜냐하면 ᐳ연합한 생산자들의 온전한 참여만이, 대다수 민중들이 자신의 사회에 영속적인 이해관계를 가지게 할 수 있고, 그리고 그럼으로써 민중이 자신의 사회적 생존 조건들을 재생산할 목적과 양식樣式에 진정으로 일체감을 가지게 되며, 과거로 되돌아가려는 모든 시도에 대항하여 자신의 사회적 생존 조건들을 지켜낼 뿐 아니라, 자기 사회의 긍정적인 잠재력을 끊임없이 확장하려고 떨쳐나서게 만드는 유일한 방식이기 때문이다.

지금까지, 마치 의사결정에 '참여하는 것'처럼 위장하는 것만큼 이데올로기적 신비화에 효과적으로 기여한 발상은 드물다. 심지어 일부 대규모 자본주의 기업들은 업무에서 노동자에게 '민주적 참여'의 문을 활짝 열어놓았다고 주장하지만 실제로는 정말 중요한 모든 사안에서 '바람직한 상商관습'이라며, 마치 '주권이 있는' 의결권 없는 주주처럼, 노동자를 그 이전보다도 더욱더 배제시키고 있다. 사회민주주의적 개혁 성향의 희망적 생각은 이런 자본주의 기업과 동일한 접근방식을 채택했다. 또한 이 접근방식은

> ▶ **연합한 생산자들**　자본주의적 생산관계하에서 자본에 고용된 노동자들이 위계적으로 편성된 집단적 노동자를 구성하는 것과 대비해서 사용하는 개념으로, 자본주의를 넘어선 사회주의 사회에서 자유롭고 대등한 생산자들이 맺는 사회관계를 표현한다.

전적으로 무의미한 '양보'를 통해 종종 좌파 생디칼리스트들이 주도한 사회적 소요騷擾의 물결[예컨대 1960년대 말 프랑스, 이탈리아, 영국 등 유럽 노동자계급의 소요 사태: 역주]을 성공적으로 무장해제했다. 그런데 이른바 이런 '양보'는 특정 기업의 산업 지도자들로부터 획득된 것이었고, 노동자의 손을 훨씬 더 꽁꽁, 그리고 대부분의 경우 등 뒤로 묶어놓기 위한 것이었다. 민중이 지혜롭게 이런 관행을 거부한 매우 역설적인 현상[민중의 '민주적 참여' 확대를 민중 스스로 거부하기 때문에 역설적인: 역주]은 때때로 정치 토론에서 '참여하다'라는 동사의 인칭변화 형태를 바꾸는 것으로 표현되었다. 즉인칭변화를 '우리는 참여한다, 너희는 참여한다, 그들은 참여한다'로 끝내는 것이 아니라 '그들은 이윤을 얻는다'로 끝내거나, 또는 다른 버전에서는 '우리는 참여한다, 너희는 참여한다 ― 그들은 결정한다'로 끝내는 것이다.

　이처럼 지혜로운 민중은 동사의 3인칭 변화 형태를 바꾼 것을 통해 이런 매우 선호되는 개량주의 전략이 신비화하고 있는 본질을 드러냈다. 왜냐하면 개량주의 전략에는 온갖 위장에도 불구하고, 연합한 생산자들을 권력의 주체로 점진적으로 변혁하는 방향으로 나아가는 문제는 결코 있을 수 없기 때문이다. 심지어 그들이 이상화理想化한 '작은 정도'의 변화조차 눈곱만큼도 없다. 실제로 절대적인 금기로 남아야 하는 것은 질적 변화를 가져오는 변혁적 여정旅程이라는 **방향**이다. 쟁점은 변혁적 방향의 문제가 아니라 마치 실행할 특정한 조치의 **규모** 문제인 것처럼 냉소적으로 잘못 표현되었다. 즉 전략적으로 포괄적인 것에 대립된 것으로서 '점진적인' 또는 '단편적인' 문제로 쟁점이 형성되었다. 그러나 이상화된 점진적 방법은 그 자신의 전략적 방향 없이는 결코 존재할 수 없었다. 왜냐하면 점진적 방법의 이데올로기적 지향은 잘 은폐되어 있는데, 실제로는 (기존 질서의 악순환 속에 빈틈없이 봉쇄된) 첨예한 모순들의 미로迷路 밖으로 나가지 못하게 하는 것이었기 때문이다. 그리고 그처럼 예정된 악순환의 굴레 속에서 돌고 도는 방식은 분명 체제 옹호론적인바, 이것이야말로 점진적 방법의 주요한 기능이었으며, 지금도 그러하다.

의사결정권을 연합한 생산자들에게 점진적으로 이양하는 (즉 그 최상위 수준을 포함한 모든 수준에서 의사결정권을 이양하는) 전반적 전략이 없다면, 참여 개념은 칭찬할 만한 합리성을 갖지 못한다. 이것이 의미하는 바는, 자본 시스템을 끝장내는 길을 닦는 선의善意라 할지라도 '대규모'에 대해 '소규모'를 대립시키거나 또는 '지구적'인 것에 대해 '지역적'인 것을 대립시키는 잘못된 이분법은 실행 가능한 사회주의 전략에서 들어설 자리가 없다는 것이다. 지속적인 무기력의 쓰디쓴 약이 '작은 것이 아름답다' 그리고 '지구적으로 생각하고 지역적으로 행동하라'와 같은 슬로건으로 사탕발림되어 있지 않다 하더라도, 연합한 생산자들에게 이양될 권력은 지역적 수준으로 한정될 수 없다.

의사결정권이 적당히 분할될 수 있고 헤게모니적 대안들 간에 모두에게 이익이 되는 방식으로 할당될 수 있다는 것은 부르주아적 합법성이라는 환상, 사람들을 무력화하는 환상이다. 그러나 실제로는 이른바 '민주적 합헌성'하의 '권력분립'이라는 이데올로기에도 불구하고 자본의 사회질서하에서는 경쟁하는 사회계급 간에 실질적 의사결정권은 분배될 수 없다. 왜냐하면 모든 중요한 —극히 주변적인 것과 대립되는 의미에서의 — 권력은 자

> **▶ 초超의회**   extra-'를 '초超-'로 번역한다. 'extra-'는 사전辭典적으로 '~ 외의, 범
> 위 밖의, ~을 넘어선' 등을 의미하는데, 여기서 '의회 밖의'로 번역할 경우 의회
> 안이냐 밖이냐는 형식적 규정만으로 제한되기 때문에, 그러한 형식적 규정을
> 포함해서 의회주의를 넘어선다는 내용적 규정까지 표현하려면 '초의회'가 더 적
> 절하다.

본 그 자체에 의해 소유되기 때문이다. 자본은 그 본성상 포괄적인 ▶초의회
세력이다. 초의회 세력으로서의 자본은 또한 의회를 지배하며, 의회 야당
세력에게 협소한 범위의 행위만을 남겨준다. 우리 사회에서 의사결정권 관
계를 매우 다른 방식으로 구상해보는 것은 아무리 강조해도 지나치지 않으
며, 사회신진대사 재생산의 전반적 통제자인 자본에 대해 근본적으로 도전
할 것이 요구된다.

　근본적 변혁 과정에서 효과적인 권력 이양을 구상할 때 요구되는 포괄적
인 변화들은 단번에 이루어질 수 없고 지속적인 방식으로 점진적으로 추구
되어야 한다는 사실이, 연합한 생산자들에 의한 사회신진대사 과정 전체와
모든 수준에서 궁극적으로 통제를 확보해야 한다는 생각을 포기해야 한다
거나 또는 포기할 수 있다는 것을 뜻하지는 않는다. 그렇지 않으면, 우리는
형식적으로는 민주적이었지만 실질적으로는 권위주의적이었다고 비판당
한 과거의 환상으로 되돌아갈 것이다. 그런 환상의 궁극적으로 작동 불가
능한 권력분립의 새로운 버전이라 할지라도 그러하다. 처음 시작할 때, 과
거로부터 물려받은 구조적 규정의 제약으로 인해 연합한 생산자들의 권력
은 제한을 받게 되는데, 이런 초기의 제한은 한정된 역사적 이행기 동안에
만 인정될 수 있다. 이때에도 위에서 강조했던 바와 같이, 여정旅程의 방향
이 (처음으로 지속 가능한 역사적 기회를 맞이한) 권력의 완전한 이양을 분명

하게 지향할 경우에만 인정될 수 있다. 그렇게 하지 않으면 대안적 사회질서의 신흥 재생산 신진대사는 지속적으로 헤게모니를 잡는 데 성공할 수 없을 것이다.

이 점에서 핵심적인 문제는 새롭게 전개되는 새로운 사회재생산 질서의 부분들 — 재생산 질서의 소우주들 — 이 부분들과 질적으로 구별되는 대우주로 통합되는 방식에 관한 것이다. 이제 막 수립된 재생산 질서의 특징을 이루는 것은 자신의 사회적 소우주들의 교정할 수 없을 만큼 **적대적인 구조**이다. 따라서 이 소우주들의 적대적 구조는 자본의 포괄적 통합의 실현 가능한 유일한 형태를 가능하게 하기 위해 매우 위계적인 전반적 규정양식 아래로 **포섭될** 수밖에 없다. 이것이 바로 기존의 재생산 질서가 어떤 사정에서도 철저하게 **권위주의적인** 이유이다. 일종의 '형식적인 민주적 합헌성'은, 역사적 조건들이 허용할 때에는 시스템의 안정성을 좀 더 잘 보장하기 위해 정치적 측면에서 불변의 물질적 착취 구조를 보완할 수 있지만, 커다란 위기 때에는 가차 없이 내팽개쳐질 뿐이다. 반면에, 대안적 사회재생산 질서는 자본으로부터 물려받은 소우주들의 권위주의적이고 **적대적인 심층적 규정**을 극복하지 않고는 생각조차 못 할 것이다. 이는 재구조화된 **비적대적인** 사회적 소우주 구성원들의 핵심적 이해관계를 온전히 공유한 것에 근거한, 질적으로 새로운 재생산 교류양식을 수립함으로써만 가능하게 될 것이다. 오직 그러한 방식으로만 비적대적인 사회적 소우주들은 상응하는 비적대적인 대우주 형태에 적절하게 통합될 수 있다.

이것이 바로 의사결정권이 모든 수준과 영역에서 연합한 생산자들에게 실제로 이양될 때에만 참여가 의미를 띠게 되는 이유이다. 단지 지역적으로만 통제를 행사한다는 것은 '작은 것이 아름답다'와 같은 위로조의 보상으로 윤색된다. 그러나 이는 구조적으로 구축되어 있어 필연적으로 적대적인 **상위 수준**에서 지역적 결정들이 승인되거나 거부된다는 점에서 ᐳ형용 모순이다. 그 경우에 지역적 결정들은 전혀 결정이 아니고 기껏해야 일종 의 허용된 (또는 허용되지 않은) 권고일 뿐이다. 왜냐하면 이른바 고유한 의 미의 결정은 오직 '상위기관'에 의해서만 내려질 수 있기 때문이다. 만약 영 구히 확립된 상위기관의 '뒷문'을 통해 모순들이 무대로 들어올 수 있다면, 다가올 새로운 소우주들이 진정으로 민주적인 ─ 그리고 비적대적으로 사회 주의적인 ─ 것이 될 수 없다. 그리고 그 반대의 경우도 마찬가지다. 만약 구조의 상위 수준에서 결정과 통치 권력을 스스로 보유한다면, 그러한 사 회질서의 대우주는 비적대적인 사회주의가 될 수 없다.

2.2

여기서 문제가 되는 것은 **구조적으로 강제된 지배와 예속**의 기존의 모든 실행 가능한 형태와는 반대되는 것으로서 사활적으로 중요한, 진정으로 비 위계적인 **통합** 관계이다.

관련된 사람들의 숫자가 매우 크고 이슈 자체가 다양할 때마다 (의회선거 나 국민투표와 같은 형식적 행사에 참여하는 것과는 대비되는) 실질적 결정을 내 리는 것이 불가능하다고 선포하는 것은 사회주의의 적대자들이 가장 좋아 하는 방책 가운데 하나다. 이와 같이 사전에 실격시키는 방책은 앞서 언급 했던 포괄적인 질적 변화의 가능성을 거부하는 것과 똑같은 방식으로 작동 한다. 즉 '점진적인 개량'이라는 유일하게 수용할 수 있는 접근방식과는 달 리, 포괄적인 질적 변화는 받아들일 수 없는 것으로 선포된다. 두 경우 모 두에서 현존 질서의 영원함에 타당성을 부여하기 위해 **양量**의 ᐳ**물신숭배**가

조장된다. 포괄적인 질적 변화의 경우, 진정한 쟁점을 양의 크고 작음이라는 양量의 경합에 대한 기계적인 희화화로 전환하기 위해, 질적 변화를 이끌어낼 해방 여정旅程의 **방향**은 무대에서 슬쩍 사라진다. 승리의 원인을 ─ 그냥 정의상 ─ 이상화된 '작은 정도'를 추구한 데서 비롯된 것으로 돌린다. 똑같은 방식으로 실질적 결정의 경우에도 우리의 '복잡 광琺들'은 '어떤 공동체가 일정 규모를 넘어서면' ─ 그 규모는 한 번도 정해진 적이 없다 ─ 구성원들이 너무 많기 때문에 실질적 의사결정이 그 구성원들에 의해 실행될 수 없다고 선포하기 위해 양量에 대한 맹목적인 숭배를 이용한다. 그래서 이것은 참여 개념을 그 용어의 의미에서 완전히 쓸모없게 만들어버린다. 이런 종류의 추론은 오류이다. 왜냐하면 그것이 **증명한다**고 주장하는 결론을 애초에 가정할 뿐 아니라, 좀 더 중요하게는 그것이 참여적 의사결정의 소우주들을 응집력 있고 역사적으로 지속 가능한 사회적 대우주로 통합하기 위해 필요한 조건이 무엇인가라는 진정한 문제를 외면하기 때문이다. 이는 규모의 크고 작음의 문제가 아니다. 심지어 화해할 수 없이 다투고 있는, 둘로 구성된 가장 작은 공동체도 실제로 지속 가능하기에는 너무 크다. 오히려 이 문제에서 유일하게 실현 가능한 해법은 그들이 연합하여 긍정적으로 발전하는 사회적 전체가 될 수 있도록 특정 사회적 소우주들의 적대적이고 **갈등적인** 내부 규정을 폐기할 것을 필요로 한다.

이리하여 진정으로 비위계적이고, 따라서 비적대적인 통합의 구축은 미래를 담보하기 위한 시도에서 우리가 직면한 도전이다. 왜냐하면 의사결정의 모든 수준에 효과적으로 참여하는 것이 사회주의적 발전 과정에서 확실히 우세하게 될 수 있는 유일한 방안이 그것이기 때문이다. 즉 진정한 **권력 주체**인 연합한 생산자들의 포괄적이고 자율적인 활동을 통해서만 모든 수준의 의사결정에 효과적으로 참여할 수 있기 때문이다.

3. 실질적 평등: 지속 가능성의 절대적 조건

3.1

실질적 평등은 앞서의 논점인 참여의 필연적인 귀결임이 확실하다. 왜냐하면 대안적 사회질서를 창출하기 위한 필요조건인 우리의 진정한 참여 전략의 성패를 평가할 때, 단순히 **형식적**이 아닌 **실질적** 평등 문제를 논외로 하는 것은 지극히 부질없기 때문이다. 전 인류의 3분의 1은 하루에 1달러 조금 넘거나 실제로 그 이하로 살아가야 하는 반면 산업 자본가나 경영자들은 역겹게도 수억 달러의 연봉을 보상으로 받는 세상에서, 민주주의와 자유에 대해 말하면서 (필요하다면 대량학살 전쟁 감행이라는 가장 폭력적인 군사적 수단을 포함해) 체제가 가진 수단과 방법을 가리지 않고 지배질서의 착취 관행을 계속 강요하는 것은 그야말로 도덕적으로 분노할 일이다.

실질적 불평등이라는 해묵은 문제와 의식적으로 대결하지 않고는 현재 우리 사회적 소우주들의 적대적인 내부 규정을 제거하는 것은 생각조차 못할 것이다. 자본의 사회질서는 뿌리 깊게 부정不표한 방식으로 구조화되어 있어서, 생각건대 다른 방식으로는 작동할 수 없다. 왜냐하면 자본은 그 본성상 시스템의 가장 작은 구성세포로부터 전반적인 사회 통제의 최상부에 이르기까지 모든 중요한 의사결정권을 항상 스스로 보유해야 하기 때문이다. 이것은 이른바 개발도상국 사회 — 즉 자본의 지구적 위계질서에 완전히 통합되고 구조적으로 예속된 부분들 — 뿐만 아니라 현재 지배적인 사회신진 대사 재생산 시스템의 특권적 지위에 있는 나라에도 해당된다.

자본 시스템의 구조적 불평등을 근본적으로 변경하는 역사적인 과제를 그처럼 훨씬 더 어렵게 만드는 것은 이 사회질서가 매우 오랜 세월 동안 구축된 **실질적 불평등 문화**와 분리될 수 없다는 사실 때문이다.[1] 이 실질적 불평등 문화의 형성에는 과거에 부르주아지의 가장 위대하고 진보적인 인물들까지도 깊이 연루되었다. 물론 그에 대해 놀랄 것도 없다. 애덤 스미스 Adam Smith, 괴테, 헤겔과 같은 지적 거장을 포함해서 부르주아지 가운데 가장 선견지명이 있고 계몽된 인물들조차도 세계와 세상 문제들을 **자본의 관점**에서 바라보았기 때문이다. 그들은 시정될 필요가 있는 것을 진단할 때, 또한 확인된 난제들과 모순들에 대한 해법 모두를 자본의 시야視野로 구조적으로 제약된 매개변수와 전제를 가지고 정식화했다. 그들은 모든 사회계급의 구성원을 완전히 포괄하는 **진정한 평등**이라는 생각조차 해볼 수 없었다.

1789년 프랑스혁명의 대혼란기에 '자유, 평등, 우애'의 사회질서를 구축하는 기본 과제가 수면 위에 떠올랐고, 그러한 사회질서의 주요한 규정적 특징이 정치 이데올로기 수준에서 천명되었다. 그러나 실제로 규정적 특징은 자본의 완강한 내부 규정의 압력을 받아야 했기 때문에, 애초부터 곧바

---

1 *The Challenge and Burden of Historical Time*, Chapter 7 "The Challenge of Sustainable and the Culture of Substantive Equality."[이 책의 전체 버전 『역사적 시간의 도전과 책무』 제7장 「지속 가능한 발전의 도전과 실질적 평등의 문화」: 역주]를 보라. 이는 베네수엘라 카라카스에서 2001년 7월 10~13일 개최된 라틴아메리카 의회들의 '사회적 부채와 라틴아메리카 통합에 관한 정상회의' 문화포럼에서 행한 강연이다.

> ▶ **프랑수아 바뵈프**François Babeuf(1760~1797) 프랑스 혁명가, '평등자단'의 지도자로서 유토피아적 평등 공산주의를 대변했다. 마르크스의 평가에 의하면, 바뵈프와 그의 지지자들은 "실제로 활동하는 공산당의 최초의 출현"이었으며, 이들은 "'제후국'과 '공화국'의 사회 문제가 제거되어도 프롤레타리아트의 관점에서는 결코 해결되지 않은 사회 문제가 여전히 남아 있다"는 점을 이해하고 있었다. 바뵈프는 이런 프롤레타리아의 독자적인 요구라는 인식에서 출발하여 자신의 평등 요구를 유토피아적 공산주의의 혁명 이론으로 발전시켰는데, 이 혁명 이론은 초기 형태의 평민적·프롤레타리아적 인민계층의 이해를 반영했고, '평등자단'의 투쟁 강령이 되었다. 혁명 봉기 계획이 무산되고 그 조직가인 바뵈프와 다르테가 처형되었지만, 바뵈프의 이념은 이론적·실천적으로 1830년대와 1840년대 프랑스, 독일, 영국 노동운동의 혁명적인 좌파에 모범적인 영향을 미쳤다.

로 위반되었다. 계몽 개념은 **실질적 평등** 제도를 쟁취하려고 하는 사람들의 '자유'까지 용인할 정도로 확장될 수는 없었다. 그러므로 ▶프랑수아 바뵈프가 자신이 펴낸 《인민의 호민관Tribune du Peuple》이라는 잡지에서 혁명이 진행되는 경로를 비판하고 '평등자단團'Society of Equals을 조직하려 했을 때, 그가 재판절차를 밟지 않은 채 단두대로 끌려가서 1797년 용서할 수 없는 범죄로 처형당해야 했던 것은 결코 놀라운 일이 아니다.

  그러므로 자본주의 시스템의 그 이후의 역사적 전개 과정에서 프랑스 혁명의 세 가지 위대한 슬로건 가운데 두 가지인 '평등과 우애'가 시야에서 조용히 사라졌던 것은 충분히 이해할 만하다. 그리고 그나마 '자유'조차도, 머지않아 자유의 본질을 매우 악랄하게 침해하는 것과 양립할 뿐 아니라 심지어 그러한 침해를 정당화해주는 것으로 위장하도록 만들기 위해, 공허한 정치적 수사修辭의 흔히 쓰는 수법으로 변질되어야 했다.

  평등이 기껏해야 형식적이고 법적인 요건이고 의례적으로 반복되는 형식적인 요건일 뿐인 현재의 사회관계들 대신에 평등이 온전히 실현되지 않고서는, 대안적 사회질서는 장기적으로 지속 가능하지 않다. 왜냐하면 실제로, 엄숙하게 선언된 '법 앞의 평등'조차도 굉장한 **형식적 규칙**을 **실질적 조롱거리**로 만드는 비용을 쉽게 지불할 수 있는 사람들에게 유리하도록 대체로 왜곡되어 있기 때문이다[자본주의 사회에서 형식적 법률은 얼마든지 매수될 수 있기 때문이다: 역주]. 이 점에서 ►루소는 비록 확인된 모순들에 대한 실행 가능한 해법을 제시할 수는 없었지만, 자신의 시대에 몇 가지 적절한 질문을 서슴없이 제기했다. 다음은 그가 외쳤던 비판이다.

부자와 권력자에게 모든 사회적 이득이 돌아가지 않는가? 돈이 되는 자리는 모두 그들의 수중에 있지 아니한가? 모든 특권과 면제가 그들에게만 부여되지 아니한가? …… 가난한 사람의 경우는 얼마나 다른가! 그가 인간적일수록 사회는 그를 더욱 부정한다. …… 이들 두 계급의 사람들 사이에 맺은 사회계약의 조건은 다음과 같이 몇 마디로 요약될 수 있다. "나는 부자이고, 너는 가난하기 때문에, 너는 나를 필요로 한다. 그리하여 우리는 계약을 맺을 것이다. 내가 너에게 명령하는 수고로움을 무릅쓰는 대가로, 네가 가진 얼마 안 되는 것을 나에게 넘겨준다는 조건하에, 나는 네가 나에게 봉사하는 영광을 갖도록 허락할 것이다."[2]

부르주아 질서의 역사적 주도권이 끝나가게 됨에 따라, 사회적 불평등에
관해 난처한 질문을 하는 것은 자본의 관점과 전적으로 양립할 수 없게 되
었다. 평등에 대한 지배적인 담론은 평등의 극히 형식적인 요건의 몇몇 제
한된 측면에 대한 관심사로 한정되어야 했고, 그것도 자본주의적으로 시행
가능한 계약의 규칙들과 관련되기 때문에 가능했다. 그러나 주로 형식화된
의미에서의 평등에 대한 담론의 주요 기능은 사회적 변호론과 신비화였다.
 '결과의 평등'에 대한 요구를 배제하는 데 복무하는 냉소적인 담론이 도
처에 존재한다는 사실이 이 점을 너무나 잘 보여준다. 왜냐하면 '결과'에서
의미 있는 변화를 압박하는 것이 허용되면 기존의 권력관계에 일부 불편한
간섭이 일어나게 되고, 사회적 개인이 사회의 의사결정의 실질적 과정에
효과적으로 개입하는 능력이 개선될 것이기 때문이다. 이것이 바로 '기회
의 평등'이라는 실현 불가능한 상태를 약속하는 전적으로 공허한 공식公式
을 위해 '결과의 평등'을 옹호하는 생각 자체가 범주적으로 사라져야 하는
이유이다. 쟁점 자체가 정의되는 방식, 즉 '기회의 평등'의 선포는 결국 텅
빈 형식적인 껍데기에 지나지 않기 때문에, 그것은 전적으로 실현 불가능한
상태이다. 왜냐하면 공식 자체가 '결과의 평등'을 냉담하게 그리고 냉소적
으로 거부하는 것을 명백히 전제하기 때문이다. 그리고 당연히 '결과'에 대
한 희망이 정의定義상 애초부터 배제된다면 '기회'라는 것은 어떤 의미도 가
질 수 없다.

....

2　Rousseau, *A Discourse on Political Economy*(『정치경제론』)(Everyman edition),
　　pp. 262~264.

3.2

실질적 평등을 온전히 실현한다는 것은 확실히 너무나 어려운 역사적 과업이다. 사실 어쩌면 그것은 사회질서 전체의 변혁을 포함하고 있는 매우 어려운 일이다. 왜냐하면 진실로 공평한 사회의 건설은 그 자본주의적 변종變種은 물론이고 수천 년간 구축된 착취의 구조적 위계제를 발본적으로 극복하는 것을 필요로 하기 때문이다.

잘 알다시피, 수많은 세월의 인간 역사와 관련해서 구조적으로 정착된 불평등은 기본적인 확대재생산 조건들이 계급사회의 명령구조를 통해 가장 잘 확보될 수 있다는 것을 근거로 일정한 합법성을 가지고 정당화되었다. 왜냐하면 불평등은 모든 것이 '하루살이로' 즉시 소비되는 대신에, 잠재적인 생산적 발전을 위해 잉여노동의 과실을 ── 매우 부정不正한 방식일지라도 ── 상당 정도 따로 떼어내 축적하는 것을 가능하게 했기 때문이다. 그런 정당화는 물론 우리 시대의 거대한 생산력과 생산적 잠재력하에서는 전혀 타당성을 갖지 못한다. 당연히 사회의 확대재생산 조건들에서 ── 비교할 수 없이 더 나은 쪽으로 ── 인류가 역사적으로 성취한 이 같은 변혁은 모든 사람의 실질적 평등의 기초 위에 사회신진대사 통제양식을 조정하는 질적으로 다른 방식을 구축할 가능성을 원론적으로 보여준다.

그러나 이야기는 거기에서 끝나지 않는다. 거대한 역사적 가능성이 우리 시대에 열려 있다는 사실은 그런 역사적 가능성이 가까운 미래에 또는 먼 미래에라도 현실이 될 것임을 결코 의미하지 않는다. 특히 현재의 발전단계에서는 자본의 사회신진대사 통제의 조건들하에서 모든 **생산적 잠재력**은 동시에 또한 **파괴적 잠재력**이 될 수 있음을 보여주기 때문이다. 후자는 우리 시대에 점차 증가하는 빈도와 커져 가는 규모로 인간의 삶뿐만 아니라 유한한 지구 위의 생명체 전체까지도 위험에 빠뜨리고 있다. 이것이 우리 시대에 크게 선전된 ▶자본주의적 세계화의 온전한 의미이다.

필연적으로, 이전에는 상상도 할 수 없었던 그러한 역사적 곤경은 우리의 도전 순서에서 높은 위치에 있는 문제인 진정한 평등 문제를 포함한 수많은 문제를 근본적으로 재규정하도록 만든다. 왜냐하면 실행 가능한 사회주의적 재생산 질서의 형성은 갈수록 더 파괴적으로 되어가는 자본의 사회 신진대사 통제 방식의 단순한 부정 이상의 것을 요구하기 때문이다. 만약 사회주의적 재생산 질서가 자본의 통제 방식에 대한 부정과 동시에 현재의 지배적인 조건들에 대한 긍정적인 대안으로 명료하게 천명되지 않는다면, 그것은 장기적으로 유지될 수 없다. 이 점에서 실질적 평등은 대안적 사회 재생산 질서의 긍정적인 규정의 필수적인 특징이다. 왜냐하면 실질적 평등의 기초 위에서 재구조화되지 않는다면, 현재의 사회적 소우주의 구성 세포들의 적대적이고 갈등적인 내적 규정을 제거하는 것이 불가능하기 때문이다.

자본 시스템의 기본적인 규정적 특징인 구조적으로 정착된 위계제 사회는 그 본성상 자신을 구성하는 소우주들에서나 그 적대적으로 결합된 총체에서나 모두 언제나 적대적이고 갈등적일 것임에 틀림없다. 자본 시스템의 구조적 위기가 깊어감에 따라, 적대적인 내적 규정들은 결국 폭발에 이르게 될 때까지 심화될 뿐이다. 오늘날 선진 자본주의 나라들에서조차 권위주의적 국가입법 조치들을 점점 더 많이 도입하는 쪽으로 선회하는 것[3]과, '자유와 민주'라는 철저히 거짓된 핑계를 대고 참혹한 전쟁에 적극 개입하는 것이 목격되는 것은 바로 이런 이유 때문이다.

그러나 폭발적인 모순들의 축적을 점점 더 폭력적인 수단으로 통제하려고 하는, 현재 분명히 관찰할 수 있는 권위주의적 경향은 반드시 통제 불가능하게 될뿐더러 역효과를 낳게 된다. 그런 식의 발전이 궁극적으로 이르게 될 곳은 인류의 파멸이다.

이 측면에서 궁극적으로 이치에 맞는 유일한 대안은 연합한 생산자들이 자신의 생존조건들을 재생산한다는 목적과 이를 위해 인간적으로 보상하는 작업 요건들에 전적으로 일체감을 갖는 사회이다. 그리고 그런 사회는 오직 실질적 평등의 기초 위에서만 가능하다.

달리 말하자면, 무한정 억압될 수만은 없는 폭발적인 적대들에 대한 해법은 다음과 같은 사회에서만 실현 가능하다. 즉 한편으로 노동 자체가 보

---

3 가령 장 클로드 페이Jean-Claude Paye, "The End of Habeas Corpus in Great Britain.", *Monthly Review*(Nov. 2005)를 보라. 그는 영국 의회에서 최근 전개된 유해한 입법을 다음과 같이 특징지었다. "그 법률은 내무장관에게 사법적 특권을 부여함으로써 형식적 권력분립을 공격한다. 게다가 그것은 실제로 방어권을 사실상 제거해 버린다. 또한 그 법률은 사실이 아니라 혐의에 우선권을 부여한다. 왜냐하면 잠재적으로 가택연금에 이를 수 있는 자유제한 조치들이 개인이 무엇을 해서가 아니라 내무장관이 그들이 했거나 할 수 있다고 여기는 일로 인해 개인에게 부과될 수 있기 때문이다. 그래서 이 법률은 법치法治를 고의로 외면하고 새로운 형태의 정치체제를 수립하고 있다." 또한 *The Challenge and Burden of Historical Time*, Chapter 10, 특히 "The Structual Crisis of Politics"[이 책의 전체 버전 『역사적 시간의 도전과 책무』 제10장, 특히 「정치의 구조적 위기」: 역주] 논의를 참조하라.

> **▶ 마지못해하는 노동력**reluctant labor force　소련에서 스탈린주의 모델이 정립되면서 위로부터 부과된 권위주의적 질서로 인해 노동자들이 적극적 동기부여 없이 수동적으로 노동하며, 때때로 무단결근, 음주, 사보타지 등으로 소극적으로 저항하는 상태를 말한다. 이는 필연적으로 생산성 정체를 결과했고, 스탈린 체제는 이를 해결하기 위해 노동의 성과와 연계된 다양한 형태의 성과급 제도를 도입하지 않을 수 없었다.

편화되어[4] 모든 개별적 개인을 의식적으로 참여시키고, 다른 한편으로 각자의 생산 목표에 대해 개인이 적극적으로 노력해 얻을 수 있는 잠재적으로 매우 풍성한 성과가 그들 모두에게 **형평성** 있게 **분배되는** 사회 말이다. 그런 사회에서는 생산자들이 실질적 평등의 분리될 수 없는 이 두 차원이 결여된 (내부에서 파열된 소련형型 사회에서 널리 일어났던) ▶'마지못해하는 노동력'과 유사하게 행동해야 할 이유가 있을 수 없다.

　이것이 바로 시간이 얼마나 걸리든 간에, 포괄적인 실질적 평등의 실현이 역사적으로 지속 가능한 대안 질서를 창출하는 데 **절대적 조건**인 이유이다. 그리고 실질적 평등의 실현이 비적대적 재생산 질서를 성공적으로 수립하고 유지하는 절대적 조건이라는 바로 그 이유 때문에, 실질적 평등을 실현하는 것은 처음부터 사회변혁의 전반적 전략에 필수적인 요소로 설정

4　노동의 사회적으로 형평성 있는 보편화에 대한 이런 요청은 몇 세기 전 일부 위대한 몽상가들의 저작에 나타났지만, 그들 시대에 진행 중이었던 사회경제적 발전의 압도적인 동학動學하에서는 아무 소용이 없었다. 앞선 *The Challenge and Burden of Historical Time*, Chapter 8[이 책의 전체 버전『역사적 시간의 도전과 책무』제8장: 역주]에서 파라셀수스Paracelsus에 관한 논의를 참조하라.

되어야 한다. 실질적 평등의 실현을 변혁의 필수적 목표 — 여정을 위한 나침반뿐만 아니라 선정된 목적지에 이르는 도정道程에서의 성공을 측정하는 유형有形의 척도를 동시에 제공하는 목표 — 로 의식적으로 채택하지 않는다면, 사회주의 건설에 관한 모든 이야기는 파악하기 어려운 정치적 공상空想이 되지 않을 수 없다.

사회주의와 민주주의 사이의 필수적 관계에 대해 이야기하는 것은 이와 같은 핵심적 문제를 비껴간다. 왜냐하면 이런 측면에서 '민주주의'에 대한 옹호는 과거에 한 줌밖에 안 되는 '선진 자본주의' 나라들에서 보였듯이 (사회주의적 조건들하에서는 최소 필요조건에 지나지 않는 것인) 민주주의 개념을 형식적으로 환원하거나, 아니면 해법을 찾고 있는 모든 것을 정치 영역으로 제한하려 하고 그리하여 필연적으로 굴레 속에서 빙빙 도는 책임회피를 신비화하는 것이다. 이것이 바로 사회주의를 건설하자는 호소가 실현할 수 없는 것으로, 그리고 달성하기 힘든 정치적 꿈으로 전락하게 된 경위이다. 왜냐하면 상정된 '민주주의'가 사회적 내용이라 할 만한 것을 전혀 담고 있지 못하기 때문이다. 그 까닭은 과거의 자본주의에서 구성되었고 그로부터 물려받은 것인 정치는 사실 인류 해방에 매우 큰 장애물 가운데 하나이기 때문이다.

이것이 바로 마르크스가 명시적으로 국가의 사멸을 그에 따른 귀결들과 함께 비타협적으로 옹호했던 이유이다. 오직 실질적 평등 사회의 실현을 향한 가차 없는 돌진만이 사회주의적 민주주의 개념에 요구되는 사회적 내용을 제공해줄 수 있다. 사회주의적 민주주의는 정치적 용어만으로는 정의될 수 없는 개념이다. 왜냐하면 그것은 과거로부터 물려받은 것인 정치 그 자체를 넘어서야 하기 때문이다.

그리하여 실질적 평등은 또한 대안적 사회질서를 향한 이행移行의 정치의 기본적인 지도 원리이다. 명백하게 인정되든 그렇지 않든, 이행의 정치의 주요 사업은 의사결정권을 연합한 생산자들에게 점진적으로 넘겨줌으로써, 그리고 그들이 의사결정권을 점진적으로 넘겨받는 방식으로 **자유롭게**[소외된 권력으로서의 국가의 개입 없이: 역주] 연합한 생산자들이 될 수 있게 함으로써, 이행의 정치 스스로는 사업에서 손을 떼는 것이다[불필요하게되는 것이다: 역주]. 그러나 실질적 평등의 대안적 사회질서를 펼치는 데에서 스스로를 넘어서는 적절한 지향 원리를 찾아내지 않고서는 정치는 스스로 손을 뗄 수 없다. 이처럼 실질적 평등을 실현한다는 핵심적인 역사적 과업에 복무하는 것은 사회주의 정치가 거대한 해방적 변혁에서 스스로를 재규정하고 재구조화하는 자신의 임무를 완수할 수 있는 유일한 길이다.

4. 계획: 자본의 시간 남용을 극복하는 데 꼭 필요한 것

4.1

현재의 역사적인 상황에서 이 유한한 지구에서 우리의 생존 조건들을 재생산할 필수적인 대안적 양식의 이름인 사회주의는 자본의 적대적이고, 갈수록 파괴적인 지구 가족 관리방식 대신에 합리적이고, 할 만한 가치가 있는 사회신진대사 통제형태를 채택하지 않고서는 상상하기 어렵다.

용어의 온전한 의미에서 계획이란 사회주의적 사회신진대사 통제양식의 본질적 특징이다. 왜냐하면 우리의 통제양식은 생산활동이 개인과 사회의 재생산 조건들에 대해 미치는 즉각적인 영향과 관련해서 실행 가능해야 할 뿐 아니라, 적절한 안전장치를 도입하고 유지하기 위해 우리가 예상할 수 있고 또 예상해야 할 만큼의 먼 미래에 미칠 무한한 영향과 관련해서도 실행 가능해야 하기 때문이다.

이런 측면에서 자본의 사회신진대사 질서에서 우리는 놀라운 모순을 만나게 된다. 왜냐하면 한편으로 자본의 사회신진대사 질서 이전의 어떤 사회재생산 양식도 인간 삶 자체의 자연적 토대를 포함한 핵심적인 생존 조건들에 대해 자본의 질서에 조금이라도 필적할 만한 영향을 즉각적으로 뿐 아니라 장기적으로도 미치지 못했기 때문이다. 동시에 자본의 사회신진대사 통제양식의 시각에는 장기 역사적 차원이 완전히 사라지고 없는데, 그럼으로써 자본의 통제양식을 불합리하고 전적으로 무책임한 관리 형태로 전환시키고 있다. 아주 미세한 세부 수준의 합리성이라는 필요조건은 즉시성이라는 시간의 척도에서 자본과 양립 가능할 뿐 아니라 자본을 유지하기 위한 기본조건으로 자본에 의해 요구되기도 한다. 그러한 필요조건은 자본주의적 시장에서 자신에 적합한 작동 틀을 발견한다[예컨대 가치법칙: 역주]. 그러나 문제는 이 사회재생산 통제양식에는 **전반적 합리성**이라는 결정적으로 중요한 차원이 필연적으로 결여되어 있다는 점이다. 그런 결여에 대한 대체물이 바로 자본 편향적으로 이를 교정하는 임무를 맡은 자본주의 국가의 개입을 늘리는 것이지만, 이는 매우 빈약할 뿐만 아니라 끝까지 유지될 수도 없는 것이다.

시스템의 이런 교정 불가능한 구조적 결함으로 말미암아 바로 **역사의식**의 필요성이 가장 절박한 시대, 즉 우리들 자신의 역사 시기인 이 **세계화** 시대에 역사의식의 가능성이 배제되어버린다. 왜냐하면 예기치 못한 — 그리고 원론적으로 ⸜자본의 인격화가 예견할 수 없는 — 시스템 발전의 장기적 영향이 지금쯤은 이미 지구 전체에 파고들었기 때문이다. 따라서 ⸜슘페터와 같은 일부 주류 자유주의 정치경제학자가 정당화했던 바와 같이, 옛날 옛적에 자본주의 질서의 특징이 '⸜생산적 파괴' 시스템인 것으로 상대적으로 정당화되었다면, 오늘날 자본주의 질서를 그런 용어로써 계속 찬양하는 것은 매우 위험한 망상이 된다. 즉 자본 시스템 전체의 **구조적 위기**를 완강하게 존속시키는 결과를 가져온, 20세기 후반의 **역사적 발전**의 영향하에서, 이상화된 '생산적 파괴'의 정반대물인 **파괴적 생산**의 강력한 영향과 치명적인 잠재력에 직면하는 것을 절대 피할 수 없게 된 시대에, 자본주의 질서를 그런 식으로 그릇되게 설명하는 것은 매우 위험한 망상이다.

오직 합리적으로 계획된 사회신진대사 재생산 시스템만이 역사적으로

▶ 자본의 인격화   메자로스는 '자본의 인격화'로 수많은 상이한 형태를 상정하고 있다. 다양한 사적 자본가들로부터 오늘날의 신정국가, 그리고 극우 이데올로그와 정치인들로부터 구소련과 동유럽의 탈자본주의의 당과 국가의 관료 등등. 메자로스는 자본의 지속적인 지배를 위해 봉사하고 있는 영국의 '신노동당' 정치인들도 이 범주에 포함시킨다.

▶ 슘페터 Joseph A. Schumpeter(1883~1950)   빈Wien 학파의 경제학자로서 1932년 이래 미국 하버드 대학 교수로서 활약한 20세기의 대표적인 부르주아 경제학자이다. 그는 자본주의 경제의 발전과정을 혁신기업가의 행동을 중심으로 한 동태적인 과정으로 파악하는 독특한 경기순환·경제발전 이론을 발전시켰다. 그는 대중적으로는 '창조적 파괴creative destruction'라는 개념으로 유명해졌다. 그는 『자본주의, 사회주의, 민주주의Capitalism, socialism, and democracy』(1942)에서 자본가들의 혁신innovation 행위가 기존의 가치를 파괴하여 불균형을 초래하게 되면 기술혁신을 넘어선 사회 전체의 변화를 촉발함으로써 사회가 발전한다고 주장했다. 그래서 그는 자본가의 이런 혁신 행위를 '창조적 파괴'라고 불렀다. 메자로스는 여기서 슘페터가 '창조적 파괴'를 경제발전의 원동력으로 파악하는 의미를 살려서 '창조적 파괴' 개념을 '생산적 파괴'로 표현하고 있다.

▶ 생산적 파괴 / 파괴적 생산   메자로스는 슘페터가 자본가들의 혁신 행위를 '창조적 파괴'로서 경제발전의 원동력으로 파악하는 것을 자본주의 신화라고 비판하면서 이를 '생산적 파괴'로 표현하고 있다. 그리고 이와 대비되는 '파괴적 생산'은 군비생산과 같이 그야말로 파괴를 위한 생산을 의미한다.

창출되어 이제는 통제가 불가능하게 된 이런 곤경의 모순과 위험으로부터 벗어날 길을 제시해줄 수 있다. 이 역사적 곤경을 치유하려면 **진정 포괄적인 계획** 형태가 필요하다. 이런 계획 형태는 과거에는 결코 실제로 실행할 수 없었지만 현재 절대적으로 필요한 역할에 부응하기 위해 **특정한 나라들**

의 생산력을 통합하고 건설적으로 향상시키는 어려움뿐만 아니라, 우리 시대의 다종다양한 문제와 모든 차원의 진실로 지구적인 사회경제적, 정치적·문화적 발전도 다룰 수 있어야 한다.

지배적인 자본주의 '시장경제'라는 스스로를 신화화神話化한 상황과 깊게 뿌리내린 기득권을 전제하면, 성공적으로 계획된 대안적 경제형태라는 생각 자체가 선험적으로 위법으로 판정되는 것은 이해할 만하다. 최근에 출간된, 사회주의를 강력하게 옹호하는 저작물에서 맥도프Magdoff 부자父子는 계획과 대립되는 이런 근시안적 접근방법의 특징을 다음과 같이 표현했다.

중앙계획의 효험에 대해 또는 심지어 중앙계획의 가능성에 대해 사람들이 느끼는 회의는 오직 중앙계획의 결점만을 인정하는 반면 그 성과를 부정한다. 중앙계획에서 명령주의를 필요로 하거나 계획의 모든 측면을 중앙당국에 의존하게 만드는 것은 아무것도 없다. 그런 일은 특수한 관료적 이해관계의 영향과 모든 것에 우선하는 국가권력 때문에 일어난다. 민중을 위한 계획은 [계획단계부터: 역주] 민중을 포함해야 한다. 지역, 도시, 마을의 계획은 노동자평의회나 지역평의회에 소속된 지역 주민, 공장과 상점의 능동적인 개입을 필요로 한다. 전반적인 프로그램, 특히 소비재와 투자 사이의 자원 배분을 결정하는 프로그램은 민중의 참여를 필요로 한다. 그리고 그러한 민중의 참여를 위해서 민중은 그들의 사고를 가능하게 만들어주는 확실한 통로인 제반 사실을 알아야 하고, 기본적인 결정에 기여해야 한다.[1]

---

[1] Harry Magdoff and Fred Magdoff, "Approaching Socialim," *Monthly Review*, July/August 2005.

예를 들면, 제2차 세계대전과 같은 역사적으로 대단히 위급한 시기에는 심지어 자본의 의사 결정권자도 기꺼이 자신들의 생산전략에, 다소 제한적이고 대체로 이윤 지향적인 종류이긴 하지만, 계획경제의 일부 요소들을 통합하려고 했다. 그러나 일단 큰 위기가 끝나면 그런 관행은 모두 재빨리 역사적 기억에서 지워지고, 시장이야말로 상상할 수 있는 모든 문제의 이상적인 해결책에 부합한다는 시장의 신화神話가 그 이전보다 더욱 강력하게 조장되었다.

만약 종종 있었던 위기 때의 양보와 대비되는, 자본의 사회신진대사 통제양식의 정상正常 상태가 앞서 말한 바와 매우 다를 수 있다면, 그것은 기념비적인 기적이 될 것이다. 왜냐하면 계획이라는 관념은 주어진 사회재생산 시스템에 고유한 기본적인 시간 규정과 분리될 수 없기 때문이다. 이런 측면에서 계획에 반대하는 잘 알려진 편견이 자본의 필연적인 시간 남용濫用으로부터 제기된다. 자본에게 직접적으로 유의미한 유일한 시간 양식樣式은, 이윤 지향의 시간 회계의 조건들과 그리하여 확장된 규모로 자본의 실현을 보장하고 보호하기 위해 요구되는 것으로서, 필요노동시간[2]과 그 운영에 수반하는 당연한 것들이다.

앞서 언급된 바와 같이, 특정 기업들에서 정밀한 세부사항을 추구하는 (그리고 타락한 의미에서의 '계획'인) 근시안적 합리성은 필연적으로 경제 전체에서의 전반적인 기획을 결여하고 있는데, 관행적으로 그에 대한 보완물을 적대적이고 갈등적으로 결합된 시장에서 찾는다. 그러한 근시안적 합리성은 머리가 잘리고 합선合線된 시간[경제 전체의 전반적 기획이 없다는 의미에

---

2 [역주] 28쪽 '이 책에 나오는 주요 핵심용어' 참조.

서 맹목적이고, 따라서 근시안적 합리성들이 서로 충돌하여 혼선을 일으킨다는
의미: 역주]과만 양립할 수 있다. 제2차 세계대전과 같이 역사적인 초비상
시기에 주요한 군사적 도전에 대응하기 위해 좀 더 포괄적인 합리성을 가
진 일부 요소가 도입될 때, 이런 도입은 제반 양보 조치가 극히 일시적이어
야 하고 가능한 한 가장 빠른 기회에 제거되어야 할 것이라는 점을 명확히
이해한 바탕에서 이루어진다.

　현재의 상황과는 전혀 다르게, 만약 통제 불가능성과 그에 따른 폭발 위
험이 증가하는 것에 대처하기 위해 전 지구적으로 통합된 세계의 재생산 관
행이 전반적 합리성의 효과적인 지도력을 마땅히 받아들이고 보존하는 것
을 필요로 한다는 사실을 인정할 경우, 시간에 대한 자본의 잘못된 관계는
근본적으로 재검토되고 변경되어야 한다. 이 점에서는 인류의 사회신진대
사 재생산 조건들을 진정 참여적이고 포괄적으로 계획하는 것은 자명한 필
요조건이다. 이런 포괄적 계획은 엄밀하게 규정된 경제적인 차원뿐 아니라
도덕적이고 문화적인 차원들까지 포함하여 자신의 다양한 구성요소 모두
를 포괄한다. 그러나 그런 포괄적인 계획을 확실히 가능하게 만들기 위해
꼭 필요한 것은 이윤 지향적이고 근시안적으로 머리가 잘린 "시간이 모든
것이고, 인간은 아무것도 아니다. 즉 인간은 기껏해야 ➤시간의 형해形骸일
뿐"[3]인 상태의 숙명적인 소외와 불구화를 극복하는 것이다.

4.2

자본의 정상正常 상태가 포괄적인 계획과 양립할 수 없는 주요 원인은 지속 가능한 사회경제적 지향의 필수 요건이 인간적으로 실행 가능한 재생산 질서를 관리하는 질적 측면에서 제기되기 때문이다. 그것이 단순히 자본의 경제활동에 포함된 시간을 확장하는 문제라면 원칙적으로 지배 시스템의 관점에서 가능할 것이다. 이 점과 관련하여 명백히 다루기 힘든 문제를 해결하지 못하게 하는 조건으로 작용하는 것은 적절한 척도의 총체적 부재이다. 채택된 생산활동이 인간에 대해 미치는 질적인 영향을 적절하게 평가하는 데 적합한 척도가 장기長期에 대해서는 말할 것도 없고 상대적으로 단기短期에 대해서도 부재한 것이다. 지배적인 자본주의 나라들, 특히 미국[4]이

---

3   Marx, *The Poverty of Philosophy*(London: Martin-Lawrence Ltd.), p.47.
     [역주] 번역본: 강민철·김진영 옮김, 『철학의 빈곤』(아침, 1988), 54쪽.

4   불행한 교토 무용담은 이런 발전의 최근 국면에 지나지 않는다. 나는 10년도 더 전에 다음과 같이 주장했다. "마지못해 인정된 문제들을 다루는 어떤 시도도 그 시스템의 기본법칙과 구조적 적대의 엄청난 중압하에서 수행되어야 한다. 그리하여 1992년 리우데자네이루Rio de Janeiro[브라질 동남부의 대서양에 면하는 세계 최대의 항만 도시: 역주] 대회와 같은 대규모 국제대회의 틀 안에서 상정된 '교정 조치'는 전혀 문제가 되지 않는다. 왜냐하면 그 조치들은 기존의 지구적 역관계力關係와 기득권의 영구화에 종속되어야 하기 때문이다. 인과관계와 시간은 위험이 얼마나 심각하든 간에 지배적인 자본주의 이해관계의 노리개로 취급되어야 한다. 그리하여 미래 시제時制는 무정하고 무책임하게도 즉각적인 이윤 예상치라는 매우 협소한 지평으로 제한된다." Mészáros, *Beyond Capital*, p.148. "특히 조지 H. W. 부시[아버지 부시: 역주] 대통령을 수반으로 한 미국 대표단을 비롯하여 지배적인 자본주의 열강들의 압력하에 거의 무의미할 정도로까지 희석된 1992년 리우데자네이루 회의의 무력한 결의안조차 예전처럼 난제에 대응하기 위해 아무것도

> ➤ **교토 의정서**Kyoto Protocol   지구 온난화의 규제와 방지를 위한 국제 협약인
> '기후변화협약'의 수정안이다. 이 의정서를 인준한 국가는 이산화탄소를 포함한
> 여섯 종류의 온실 가스의 배출량을 감축하며, 배출량을 줄이지 않는 국가에 대해
> 서는 비관세 장벽을 적용하게 된다. 1997년 12월 11일에 일본 교토에서 개최된
> 지구온난화 방지 교토회의 제3차 당사국총회UNFCCC COP3에서 채택되었으며,
> 2005년 2월 16일 발효되었다. 정식명칭은 기후변화에 관한 국제연합 규약의 교
> 토의정서Kyoto Protocol to the United Nations Framework Convention on Climate
> Change이다.

➤교토 의정서의 최소한의 필요조건들조차 매우 무책임한 방식으로 다루고
있는 점이 이에 대한 좋은 일례이다.

물적·인적 자원 측면이나 또는 시간 측면에 대해 질적으로 고려하지 않
고도 계획된 생산 확장이 규정될 수 있다면, 자본은 인상적인 **수량화**數量化
는 물론이고 심지어 자기 확장적인 증식에서도 아무런 어려움이 없다. 이
런 의미에서 현재와 미래 모두에서 특히 중요한 개념인 **성장**은 자본에 의
해 **물신숭배적 수량화**로 제한된 범위 내에서 왜곡되게 다루어져야 한다. 그
러나 우리가 다음 장章에서 보게 되듯이, 성장에 대해 **질적**으로 깊이 고려
하지 않고는 성장은 생산적으로 실행 가능한 전략 형태로 현실에서 전혀
유지될 수 없을 것이다. 마찬가지로, 포괄적인 계획 ― (추구될 수 있는 특정
한 생산적 목표와 관련해서) 안전하게 **선택적**이고, 일시적으로 **제한된** (단기) 개입
들과 대비되는 ― 은 인정될 수 없다. 왜냐하면 **인간적**으로 타당한 전반적

<hr>

하지 않으면서 '부과된 의무를 완수하는 척' 꾸미는, 실행에 대한 **알리바이**로서만
활용되고 있다." 같은 책, p.270.

합리성의 범위나 시간의 척도가 모두 물신숭배적 수량화로 전환될 수 없기 때문이다.

여기서 핵심 개념은 원래의 그리고 그 자체로서의 합리성이 아니라, 채택된 전반적 척도의 고유하게 인간적인 요소humanness가 요구하는 지속 가능한 합리성이라는 필수적인 규정이다. 쉽사리 수량화가 가능한 **부분적 합리성**은 자본의 생산적 소우주들[기업 등 생산의 기본 단위들: 역주] 내부에서 자본의 운영상의 명령들과 완벽하게 조화될 수 있다. 그러나 그것은 시스템 전반의 지향 틀과 적절한 척도로서의 인간적으로 타당한 전반적 합리성은 아니다. 전반적 합리성을 지향하는 것과 관련하여 실행 가능하고 지속 가능한 생산 시스템을 규정할 수 있는 유일한 것은 고유하게 질적인 규정인 인간적 필요 그 자체이다.

그런 질적인 전반적 규정은 (비록 지금은 자본주의에 의해 좌절되고 있지만, 억누를 수 없는) 인간적 필요라는 현실로부터만 제기될 수 있다. 이것은 자본 시스템의 교정될 수 없는 자기규정과 뛰어넘을 수 없는 전반적 규정에서 필연적으로 결여되어 있는 것이다. 자본이 (명확히 식별할 수 있는 인간적 필요와 질적으로 관계하지 않고는 전적으로 무의미한) 사용가치를 쉽게 수량화할 수 있는 교환가치에 종속시켜야 하는 것은 바로 이런 이유 때문이다. 교환가치는 인간적 필요와는 전혀 관련될 필요가 없고, 오직 자본의 확대재생산의 필요와 관련될 뿐이다. **군산복합체**와 그것의 수익성 좋은 '자본 - 실현'이 바로 대량학살 전쟁의 反인간적인 관행과 관련되어 있는 끔찍한 현실이 우리 시대에 분명히 입증하고 있듯이, 교환가치는 실제로 파괴적인 반가치의 승리와 완벽하게 조화를 이룬다.

4.3

계획은, 그 용어의 매우 심오한 의미에서, 이런 문제들과 모순들을 시정하기 위해 절대적으로 중요한 것이다. 그러나 문제시되는 계획은 그에 상응하는 역사적 시간 차원 없이는 가시화될 수 없다. 이런 측면에서 협소하게 기술적인 의미와 대비되는, 그 고유한 의미에서의 계획을 이해하는 데 필요한 시간 개념은 추상적이고 일반적인 우주宇宙 시간이 아니라 인간적으로 뜻있는 시간이다. 왜냐하면 역사의 도정에서, 그리고 특히 인류 역사의 전개를 통해서 시간 개념은 인류의 발달 —그리고 동시적인 '자연 자체의 인간화'(마르크스) — 과 더불어, 근본적으로 새로운 시간 차원이 등장한다는 의미에서 크게 달라진다.

인류가 동물세계와 달리, 역사적으로 창조되고 그리고 변화하는 조건 속에서 역사적으로 발전하는 개인으로 구성된다는 사실은 인류와 대립되는 것으로서의 인간 개인이 극히 제한된 생애生涯를 가진다는 상황과 분리될 수 없다. 따라서 기나긴 역사적 발달 덕분에, 시간문제는 단지 개인의 일생에서 처음부터 마지막 시간까지 생존할 필요라는 인간적 맥락에서만 나타나는 것은 아니다. 그것은 동시에 개인이 그들 자신의 생활 활동의 참된 주체로서 뜻있는 생활을 창조하기 위해 직면할 도전이라는 인간적 맥락에서도 나타난다. 달리 말하면, 이 도전은 개인 자신이 필수적이고 능동적으로 기여하는 한 부분이 되어 구성하는 그들의 사회가 집단적 잠재력을 점점 더 향상시키는 것과 밀접하게 관련하여, 개인 자신의 행위의 참된 '창조자'로서 그들 자신의 생활을 뜻있게 만드는 것이다. 이는 인류의 진보를 위해 개인적 의식과 사회적 의식이 진정으로 화해할 수 있는 방식이다.

자본의 지배하에서는 이런 모든 것이 불가능하다. 계획의 핵심적인 필요조건이 포괄적인 사회 수준에서나 개인의 생활에서나 모두 폐기된다. 인간적 필요라는 긍정적인 지향을 가진 매우 광범위한 사회적 수준에서의 포괄적 계획은 매우 근시안적 지향의 시간 회계[시간계산법: 역주]를 위해 적절하지 않다고 판정되고, 파괴적 생산의 위험이 증가하게 된다. 동시에 개인적 의식 수준에서는 '각자의 생활을 뜻있게 만드는 것'에 대한 요구는 오직 '초월 세계'에만 관심을 갖는 사회적으로 매우 무기력한 종교적 담론 형태로 표현될 수 있을 뿐이다.

자본의 필연적인 시간 남용은 모든 영역에서, 그리고 엄청난 대가를 치르며 널리 행해지고 있다. 현존 질서에 대한 실행 가능한 헤게모니적 대안인 사회주의 재생산 질서를 상상하기 위해 계획문제를 우리 관심의 전면에 내세워야 한다. 왜냐하면 재생산 합리성의 광범위한 사회적 차원과 뜻있는 생활에 대한 개인의 요구를 결합하지 않고는 성공이 지속될 수 없기 때문이다.

고유한 의미에서의 **참된 주체**가 된다는 것이 의미하는 바인 이런 두 가지 기본 차원은 운명을 함께한다. 왜냐하면, 만약 집단적 힘을 구성하는 특정 사회적 개인이 자신의 뜻있는 생활 활동을 전적으로 책임지는 '자신의 행동에 대한 의식적인 주체'가 될 정도로까지 스스로를 해방시킬 수 없다면, 의식적으로 **집단적** 힘을 발휘하는, 자유롭게 연합한 생산자 집단이 어떻게 사회 세계에서 주권이 있는 '권력 주체'가 되어 자연과의 그리고 사회 구성원들 간의 생산적 교류를 계획하고 자율적으로 운영할 수 있겠는가? 그 반대도 마찬가지다. 즉 만약 사회신진대사 재생산의 전반적 조건들이 (사회적 개인의 기획을 좌절시키고, 그들이 애쓰고자 하는 자아실현의 목표와 가치들을 매우 권위적인 방식으로 기각하는) **외부의 힘**에 의해 지배된다면, 어떻게 개인이 자신의 생활을 뜻있게 만들어갈 수 있겠는가?

소련형型 탈자본주의 사회[소련, 동유럽 등 현실사회주의 나라: 역주]에서 일어났던 계획에 대한 관료적 모독은 똑같은 모순의 표현이었다. 맥도프 Magdoff 부자父子가 개탄했듯이, 경제에서 "특수한 관료적 이해관계가" 경제 활동을 마비시키는 "영향을 미치고 국가권력이 최우선시 되는 것"은 실패할 수밖에 없었다. 왜냐하면 (옛 소련) 공산당 정치국 구성원들은 포고된 '계획경제'를 운영하는 데 전능한 의사결정 주체라는 배타적인 역할을 임의로 자신에게 부여했으며, 동시에 공공연한 우월감으로 심지어 국가의 최고위 계획 관리들조차 '단지 회계사 한 무리'로 치부해버렸기 때문이다.

해리 맥도프Harry Magdoff가 체 게바라Che Guevara와 나누었던 대화를 알려주는 흥미로운 인터뷰가 있다.

나는 체에게 말했다. "중요한 것은 계획이 수립될 때 그 방향과 수치를 제시하는 사람들인 계획가들이 현실적인 조건들을 감안하여 실제적인 정책대안을 고안하는 데 몰두해야 한다는 점입니다." 그러자 그는 웃으며, 그가 모스크바에 있을 때 그를 초청한 당시 소련의 당과 정부 수반인 흐루쇼프Khrushchev가 그를 데리고 다니며 정치적 관광 명소들을 보여주었다고 말했다. 도시를 관광하며 체는 흐루쇼프에게 계획위원회와 만나고 싶다고 말했다. 그러자 흐루쇼프는 다음과 같이 말했다. "왜 그들을 만나고 싶습니까?

그들은 단지 회계사 한 무리에 지나지 않습니다."[5]

더구나 사회의 특정 개인은 모두 전반적인 계획 과정에서 거만한 특징을 지닌 '회계사 한 무리'[계획위원회 관리들: 역주]보다 발언권이 훨씬 더 적었다. 국가 관리들은 개별 주체인 특정 개인의 역할을 격식이고 뭐고 없이 상부의 명령을 수행하는 것으로 국한시켰다.

그 결과는 매우 파괴적인 것이었는데, 이는 충분히 이해할 만하다. 왜냐하면 그런 상황에서는 핵심적인 사회재생산 과정에 대한 진정으로 지속 가능한 통제를 수행하는 데 필수적인 포괄적 교류의 의식적인 집단적 주체가 진정한 집단적 주체로 전혀 구성될 수 없었기 때문이다. 이것이 불가능했던 이유는 참된 주체가 된다는 것이 의미하는 바의 두 가지 기본 차원 — 즉 재생산 합리성의 광범위한 사회적 차원과 개인적 목표들을 결합할 필요성 — 이 임의로 파괴되었고, 서로에게 대립되었기 때문이다. 이와 같은 상명하달의 의사결정 양식하에서는 사회의 정당한 집단적 주체의 잠재적 구성원들인 특정 개인은 그들 자신의 뜻있는 생활 활동에 대한 자율적 통제를 부정당하며, 그리하여 그들이 사회신진대사 재생산 전체를 자율적으로 통제하는 것 또한 부정된다. 이 슬픈 이야기의 나머지는 소련형 시스템의 내파內波 (내부로부터의 파열)를 통해 잘 알려지게 되었다.

따라서 자본의 필연적인 시간 남용은 인간을 '시간의 형해形骸' 상태로 격하시키고 그들의 참된 주체로서의 자기 결정권을 부정하는데, 이를 발본적으로 극복하는 문제는 대안적인 사회 질서를 창출하는 데에서 사활적인 것

5   Harry Magdoff, interviewed by Huck Gutman, "Creating a Just Society: Lessons from Planning in the U.S.S.R. & the U.S.," *Monthly Review*(Oct.2002).

이다. 머리가 잘리고 합선合線된 시간은 일반적인 사회 수준에서만으로는 치유될 수 없다. 개인과 사회의 해방 조건들은 서로 대립될 수 없음은 물론이고, 분리될 수도 없다. 그들은 **동시성**이라는 시간 차원에서 함께 성공하고 실패한다. 왜냐하면 하나는 다른 하나의 실현을 위해 온전히 요구되며 그 반대의 경우도 마찬가지이기 때문이다. 우리는 심지어 사회변혁의 기초적인 일반 목표들이 성공적으로 달성될 때까지 개인의 해방을 유보한 채 기다릴 수도 없다. 왜냐하면 자신이 선택한 사회의 목표들과 가치들에 일체감을 가질 수 있고 또한 일체감을 가진 개인이 아니라면, 도대체 누가 포괄적인 사회변혁의 첫발이나 내딛을 수 있겠는가?

그러나 그렇게 하기 위해서는 특정 사회적 개인은 그들에게 협소하게 부과된 머리가 잘린 시간이라는 구속복拘束服[미친 사람이나 광포한 죄수를 통제하기 위해 입히는 옷: 역주]으로부터 스스로를 해방시켜야만 한다. 그들은 오직 뜻있는 생활 활동이라는 올바른 ― 비적대적으로 확장된 ― 관점과 함께 자율적이고, 의식적이며, 책임 있는 의사결정권을 획득함으로써만 그렇게 할 수 있다. 이것이 역사적으로 지속 가능한 시간 척도로 대안적인 사회신진대사 질서를 구성하는 것을 가능하게 하는 방식이다. 그리고 그것이 사회주의 기획의 핵심 원칙인 계획에 대해 진정한 의미를 부여하는 것이다.

5. 이용利用에서의 질적 성장: 유일하게 실행 가능한 경제

5.1

옛날 옛적에 자본주의 생산양식은 그 이전의 모든 생산양식에 비해 대단한 진보를 의미했다. 그러나 이 역사적 진보는 결국 문제가 있고 실제로 파괴적인 것으로 판명되었다. 인간의 사용과 생산 사이의 (오랫동안 널리 통용되었으나, 강제적인) 직접적 연계를 파괴함으로써, 그리고 그 연계를 상품관계로 대체함으로써 자본은 (자본 시스템과 그것의 '의지의 인격화들'의 입장에서 보면, 그 어떤 인지 가능한 한계도 있을 수 없는) 억누를 수 없을 것 같은 확장이 역동적으로 전개될 가능성을 열었다. 왜냐하면 자본의 생산 시스템의 역설적이고 궁극적으로는 전혀 이치에 맞지 않는 내적 규정 때문이다. 즉 상품은 "그 소유자에게는 비非사용가치이고 그것의 비非소유자에게는 사용가치이다. 따라서 상품은 모두 그 소유자를 바꾸어야 한다. …… 그러므로 상품은 ›사용가치로 실현될 수 있기 전에 먼저 가치로 실현되어야 한다."[1]

자본 시스템의 이런 자기 모순적인 내적 규정은 인간의 필요를 (소외를 야기하는) 자본 확장의 필요성에 무자비하게 굴복시킬 것을 강제한다. 그리

---

[1] Marx, *Capital*, vol.1(Moscow: Foreign Languages Publishing House, 1959). p.85. [역주] 번역본: 마르크스, 『자본론』 1권(서울: 비봉출판사, 2001), 110쪽.

> **➤ 사용가치 / 가치**   상품이 먼저 사용가치로 실현되어야 하면 당연히 인간의
> 사용과 생산 간의 직접적 연계의 구속을 받겠지만, 가치로 먼저 실현되어야 하면
> 이런 직접적 연계가 파괴되기 때문에 무한히 확장할 수 있을 듯이 보인다.

고 이 역동적인 생산 질서로부터 전반적인 합리적 통제 가능성을 제거한
다. 그것은 장기적으로는 위험스럽고 잠재적으로 파멸적인 결과를 가져오
고, 머지않아 (이전에는 결코 상상할 수 없을 정도의) 경제발전의 거대한 **긍정
적인 힘**을 (필수적인 재생산 제약이 총체적으로 부재한) **파괴적인 부정성**으로
변형시킨다.

체계적으로 무시되고 있고, 자본 시스템의 변경 불가능한 물신숭배적 명
령과 기득권 때문에 무시되어야 하는 것은 우리가 문자 그대로 결정적인
객관적 한계를 가진 유한한 세계에 불가피하게 살고 있다는 사실이다. 자본
주의 발달의 수 세기를 포함한 인류 역사에서 오랫동안 그러한 한계는, 실
제로 그러했던 것처럼, 상대적으로 안전하게 무시될 수 있었다. 그러나 우
리의 불가역적인 역사적 시대에 그 한계가 단연코 드러날 수밖에 없듯이,
그 한계가 드러나면 불합리하고 낭비적인 생산 시스템은 아무리 역동적이
라 할지라도 (실제로 더 역동적일수록 더 악화되는) 그 영향을 결코 피할 수
없다. 불합리하고 낭비적인 생산 시스템은 무슨 수를 써서라도 그 시스템
을 보존하라는 다소간 공공연한 파괴적 명령을 냉철하게 정당화함으로써
그 한계를 잠시 동안 무시할 수 있을 뿐이다. 즉 '대안이 없다'는 금언金言을
설교함으로써, 또한 '대안이 없다'는 식으로 일축함으로써, 그리고 지속 불
가능한 미래의 징조를 보이는 매우 명백한 경고 신호조차 필요하면 언제나
야만적으로 억압함으로써 그 한계를 무시할 수 있다.

잘못된 이론화는 (이처럼 균형을 잃은) 교환가치의 사용가치에 대한 객관적이고 구조적인 규정과 지배의 필연적 귀결이다. 이는 매우 부조리하게 그리고 맹목적으로 변호되고 있는 현대 자본주의의 조건들하에서뿐만 아니라 자본 시스템의 역사적 선조先祖인 부르주아 정치경제학의 고전적 시대에도 그러하다. 이것은 자본의 지배하에서는 가공架호적으로 무제한적인 생산만이 유일하게 훌륭한 것으로 이론적으로 정당화되어야 할 뿐 아니라 그런 가공적으로 무제한적인 생산이 무슨 수를 써서라도 추구되어야 하기 때문이다. 비록 다음 두 가지에 대한 어떤 보장도 있을 수 없다 할지라도 그것은 반드시 추구되어야 한다. 즉, ① 공급된 상품들에 요구되는 지속 가능한 '소유자 교환'이 (애덤 스미스의 훨씬 더 신비한 '보이지 않는 손'의 신비한 자비심 덕분에) 이상화理想化된 시장에서 일어날 것이다. ② 상품들의 계획된 무제한적인 ― 그리고 그 1차적 규정에서 필요와 사용으로부터 유리되어 있기 때문에, 인간적으로 제한될 수 없는 ― 공급을 생산하기 위한 객관적인 물질적 조건들은, 자본의 사회신진대사 재생산양식의 자연에 대한 파괴적 영향과 따라서 인간 생존 자체의 기초 조건들에 대한 파괴적 영향과 무관하게, 영원히 확보될 수 있다.

위의 ①에서 지적된, 변경 불가능한 구조적 결함을 교정矯正하는 데 시장이 이상적으로 적합하다는 것은 하나의 **불필요한 사후 약방문**에 지나지 않고, 수많은 자의적인 가정假定과 실현될 수 없는 규제적 기획을 똑같이 헛되이 수반한다. 교정적인 사후 약방문인 시장의 기저를 이루고 있는 냉혹한 현실은 일련의 극복하기 어려운 적대적인 권력관계들이고, 이 권력관계들은 경향적으로 독점적 지배로 나아가고 시스템의 적대성을 심화시킨다. 마찬가지로 위의 ②에서 부각되었듯이, 무제한적인 자본 확장을 추구하는 것 ― 없어서는 안 될 '성장'을 목적 그 자체로 이상화하는 것 ― 의 심각한 구조

> **▶ 정상상태**定常狀態, stationary state'　　어떤 한 시기에서 다음 시기로 시간이 경
> 과해도 단순히 전前 수준을 재생산·유지하는 데에 지나지 않는 경제과정을 말
> 한다. 밀Mill에 따르면, 성숙한 자본주의 경제에서 투자가 증가함에 따라 수확체
> 감의 효과로 이윤률이 저하되고 새로운 자본축적을 위한 어떠한 요인도 없어질
> 정도로 이윤이 감소하게 되는데 이를 '정상상태'라 한다. 이런 '정상상태'에서의
> 임금은 생물학적 생존수준에 머물고 순純자본 형성은 제로가 된다. 그리고 이때
> 생산은 최대한도 수준에 도달한다.

적 결함 역시 일부 교정의 필요성이 인정되지 않을 수 없게 될 때 똑같이 허
구적인 **사후 약방문**에 의해 보완된다. 그리고 그렇게 기획된 처방 — 19세
기 부르주아 정치경제학에 의해 이론화된 숙명적인 ▶'정상상태'라는 구제할 수
없는 부정성으로 시스템이 붕괴하는 것에 대한 하나의 대안으로서 — 은 단순히
분배를 '더 공평하게' (그리고 그럼으로써 갈등으로 인해 더 적게 분열되게) 만
든다는 희망적인 주장이지만, 생산 시스템은 건드리지 않고 그대로 남겨둔
다. 자본의 사회질서의 기본적인 위계적 구조 규정에서 기인하는 이런 이
론은 물론 실행될 수 없지만 설혹 실행될 수 있다 하더라도, **생산** — 그 토
대 위에서 자본 시스템의 구제 불능의 분배라는 극복하기 어려운 모순도 또한 발
생되는 — 의 심각한 문제를 전혀 해결할 수 없을 것이다.

　자유주의 사상의 주요한 대변자 중 하나인 존 스튜어트 밀John Stuart Mill은
미래의 '정상상태'에 관해 진정한 관심을 가지지만, 그 '정상상태'에 대한 처
방으로 그가 제안한 것에서는 그 진정성만큼 절망적으로 비현실적이다. 이
문제에 관한 논의에서 그는 공허한 희망을 제시할 수 있을 뿐이다. 그 문제
는 공교롭게도 자본의 관점으로는 절대로 고치기 어렵다. 그는 '필연성이
후손들에게 정상상태를 강제하기 훨씬 전에 그들이 **정상상태에 만족할 것**

맬서스주의Malthusianism　영국의 성직자이자 경제학자인 맬서스T. R. Malthus
가 주장한 비과학적 인구人口 이론이다. 그는 『인구론An Essay on the Principle of
Population』(1798)에서 인구의 증가는 영원한 자연법칙에 따라 기하급수적으로
증가하는데 식량의 생산은 산술급수적으로 증가하므로 빈곤과 기아가 필연적으
로 발생한다고 주장했다. 따라서 노동자의 빈곤과 기아는 자본주의적 생산관계
에 그 원인이 있는 것이 아니라 자신을 번식시키려는 인간의 자연적 본성에 그
원인이 있게 된다. 결국 맬서스의 인구법칙은 자본주의적 생산관계로 인한 노동
자계급의 빈곤화를 정당화하는 변호론辯護論이다.

을 나는 후손들을 위해 진심으로 희망한다'고 서술한다.[2] 이와 같이 밀Mill의
담론은 온정주의적 설교에 지나지 않는다. 왜냐하면 그는 자본의 재생산
질서의 모순들을 전혀 인정할 수 없고, 그가 받아들인 ▸맬서스주의적 진단
과 일치하게 인구 증가로부터 야기된 곤란만을 인정할 수 있기 때문이다.
그에게서는 부르주아적 자기만족이 명백하게 보이는데, 이는 그의 분석과
온정주의적 개혁 의도로부터 모든 알맹이를 빼앗아 버린다. 밀은 단호하게
다음과 같이 주장한다. "생산 증가가 여전히 중요한 목표인 것은 오로지 세
계의 후진적인 나라들에서뿐이다. 즉 선진적인 나라들에서 경제적으로 필
요한 것은 더 나은 분배인데, 그에 꼭 필요한 수단은 더욱 엄격한 인구 통제
이다."[3] 그런데 '더 나은 분배'라는 그의 생각조차 절망적으로 비현실적이
다. 왜냐하면, 밀이 아마 인식(또는 인정)할 수 없는 것은 분배의 압도적으

2　John Stuart Mill, *Principles of Politcal Economy*(London: Longmans, Green, and
　　Co., 1923), p.751.
3　같은 책, p.749.

로 중요한 측면이 생산수단을 자본가계급에게 매우 배타적으로 분배한다는 점이기 때문이다. 당연하게도, 사회질서에 대한 이런 자기 편의적인 조작적 전제하에서는 다음과 같은 온정주의적 우월감이 항상 우세하게 된다. 즉 "더 나은 심성을 지닌 사람들이 나머지 사람들을 교육하는 데 성공"[4]하여, 나머지 사람들이 인구 통제를 받아들이고 "더 나은 분배"는 아마도 그런 통제로부터 이루어진다는 것을 받아들일 때까지는 어떤 해결책도 기대될 수 없다고 주장하는 것이다. 그래서 사람들은 사회를 침체된 정상상태로 냉혹하게 몰고 가는 기존의 사회신진대사 질서의 파괴적인 구조적 규정을 바꾸는 것에 관한 모든 것을 잊어야만 한다. 밀의 담론에서 자본주의적 천년왕국이라는 유토피아는 ─ 그것의 이치에 맞는 정상상태와 더불어 ─ 계몽된 자유주의적 '더 나은 심성'의 훌륭한 교육 서비스 덕분에 생겨나게 될 것이다. 그러면 기존의 사회재생산 질서의 구조적 규정에 관한 한, 모든 것은 이전과 마찬가지로 영원히 지속될 수 있다.

이런 모든 것은 자본의 관점에서 보면 얼마쯤 의미가 있었다. 비록 자본 시스템의 구조적 위기가 극적으로 시작되었고 냉혹하게 심화되었기 때문에 마침내 그런 의미가 문제시되고 궁극적으로 이치에 맞지 않는 것으로 판명될 수밖에 없었을지라도 말이다. 그러나 바로 그 희망적인 입장의 그런 부분적인 의미마저도 노동의 전략적 이해를 대표한다고 주장하는 개량주의 정치운동에서 연유되었다고 할 수는 없다. 오히려 사회민주주의적 개량주의는 당초에 자유주의 정치경제학의 그런 느슨한 ─ 처음에는 진정성을 가지고 주장되었을지라도 ─ 사후 약방문에서 영감을 얻었다. 그래서 재

---

4 같은 책.

▶ **신新노동**New Labour   영국 노동당은 1979년 보수당 마가렛 대처Margaret Thatcher가 집권한 이래 총선에서 계속 패배했는데, 1994년 토니 블레어Tony Blair 가 '신노동당' 정책을 내걸고 당수로 선출된 이후 더욱 우경화했고, 18년 만인 1997년에는 집권에 성공했다. 토니 블레어의 '신노동당' 정책은 사회민주주의를 더욱 탈각하고 신자유주의에 적극 투항하는 것이었다. 토니 블레어는 1997년부터 2007년까지 영국 총리로 재임하면서 신자유주의 개혁을 추진했다. 독일 사민당, 프랑스 사회당, 스웨덴의 사민당 등 유럽의 대표적인 사회민주주의적 개량주의 정당들도 '신중도新中道, Neue Mitte' 노선을 내걸고 영국 노동당과 마찬가지로 신자유주의에 투항했다. 유럽 사회민주주의적 개량주의 정당들의 신자유주의로의 이런 투항은 1990년대 초 소련과 동유럽 붕괴 이후 가속화된 신자유주의 공세에 굴복한 것이었다. 그리고 이들 정당은 영국의 사회학자 앤서니 기든스 Anthony Giddens가 중도 좌파의 입장에서 '사회주의의 경직성과 자본주의의 불평등을 극복하려는 새로운 이념 모델'로서 제시한 '제3의 길The Third Way' 이론을 근거로 자신을 정당화했다.

생산 신진대사의 도전할 수 없는 통제자인 자본의 관점과 기득권에서 유래하는, 채택된 사회적 전제의 내적 논리로 인해 사회민주주의적 개량주의가 실제로 다음과 같은 방식으로 자신의 발전 도정道程을 끝냈다는 것은 전혀 놀랄 만한 일이 아니다. 즉 스스로를 (영국에서) ▶'신노동'으로 (또한 다른 나라들에서 그에 상응하는 것들로) 변형시킴으로써, 그리고 기존 사회질서의 매우 제한된 개량에 대해서조차 관심을 완전히 포기함으로써 말이다. 동시에 진정한 자유주의를 대신하여 매우 야만적이고 비인간적인 다양한 종류의 신자유주의가 역사 무대에 등장했고, 자유주의 신념을 가진 진보적인 과거로부터 한때 주창되었던 사회적 처방들 — 희망적인 온정주의적 해결책까지 포함한 — 의 기억을 일소했다. 현대의 역사적 발전의 하나의 쓰라린 역설로서, '신노동'형型의 예전 사회민주주의적 개량주의 운동은 (영국에서뿐만 아니라 그 밖의 모든 '선진' 자본주의와 개발도상 자본주의 세계에서도) 집권하게 되었는데, 이들은 자본 옹호론의 억압적인 신자유주의 국면과 거리낌 없이 일체감을 갖는 데 주저하지 않았다. 이런 변형은 명백히 개량주의 노선의 종말을 고했는데, 개량주의 노선은 처음부터 막다른 골목이었다.

5.2

경제적으로 실행 가능하고, 또한 장기간 역사적으로 지속 가능한 사회재생산 질서를 창출하기 위해서는 인간의 필요need와 사용을 (소외를 야기하는) 자본 확장의 필요에 무자비하게 복종시키는 기존의 사회재생산 질서의 자기 모순적인 내적 규정들을 근본적으로 변경하는 것이 필수적이다. 이는 지배적 생산시스템의 부조리한 전제조건이 영원히 과거에 귀속되어야 한다[영원히 사라져야 한다: 역주]는 것을 의미한다. 이 전제조건은 자본의 자기실현 확대를 만들어내고 순환적·임의적으로 정당화하기 위해, (미리 정해지고 총체적으로 매우 부당한) 소유권 규정에 의해 사용가치가 사용가치를 창출한 사람들로부터 분리되고 그들과 대립하게 만든다. 이 전제조건이 폐기되지 않으면, 필연적으로 유한한 가용자원들을 합리적으로 **절약하는 것**이라는 **경제**economy의 유일하게 실행 가능한 의미는 핵심적인 지향원리의 하나로 설정되거나 존중될 수 없다. 그 대신에, 절대 무적無敵의 '효율성'이라는 자기 신화에도 불구하고 변함없이 **제도화된 무책임**으로 거듭 드러나는 자본의 사회경제적 ─ 그리고 그에 상응하는 정치적 ─ 질서에서 무책임한 **낭비**가 지배적으로 된다. (확실히, 이런 식으로 찬양된 종류의 '효율성'은 적

➤ **시장사회주의**Market Socialism   이론적으로는 사회주의적 계획경제와 시장
경제 요소들의 다양한 결합 형태를 말하지만, 여기서는 역사적으로 주로 소련,
동유럽 등 소련형型 경제에서 관료적·명령적 계획경제의 비효율성을 극복하기
위해 시장경제 요소들을 보완적으로 도입한 다양한 시도를 말한다. 1970년대와
1980년대에 헝가리, 체코슬로바키아, 유고슬라비아에서 '시장사회주의'적 요소
들이 도입되었다. 현대의 베트남과 라오스도 스스로를 '시장사회주의 체제'로 기
술한다. 소련은 고르바초프의 페레스트로이카(개혁)와 함께 시장사회주의 체제
를 도입하려고 시도했다. 개혁의 후기 단계에는 최고위층 내에서 정부가 '사회주
의 시장경제'를 창출해야 한다는 토론도 있었으나 사회주의와 시장을 어떤 비율
로 혼합할 것인가에 대해서는 합의에 이르지 못했다. 역사적으로 이런 종류의
시장사회주의 체제는 중공업, 에너지와 사회기반시설과 같은 '경제의 관제고지'
에서는 국가소유를 유지하면서 분권화된 의사결정을 도입하고 지방 관리자들에
게 시장 수요에 대응하여 의사결정권을 더 많이 부여하려고 시도했다. 시장사회
주의는 또한 서비스와 부차적 경제부문들에서 사적 소유와 이윤 활동을 허용했
다. 시장은 소비재와 농산물 가격을 결정하도록 허용되었고, 농민들은 생산을
증진하고 개선시킬 인센티브로서 공개시장에서 자신의 생산물 전부 또는 일부
를 판매하여 이윤의 일부 또는 전부를 갖도록 허용되었다.

대적이고 갈등적인 **부분들**을 맹목적으로 추동하여 전체를 희생하기 때문에, 실제
로는 궁극적으로 스스로를 잠식하는 자본 효율성이다.) 그러므로 소련과 동유
럽 정부가 열심히 조장했던 ➤'시장사회주의'라는 판타지(환상)는 그러한 전
제와 자본주의적으로는 극복할 수 없는 구조적 규정을 수용했기 때문에 굴
욕적인 붕괴 형태로 흐지부지 끝날 수밖에 없었다는 것은 이해할 만하다.
    우리 시대에 진실로 **지구적인** 규모로 벌어지는 매우 극심한 낭비조차 전
혀 제한하지 못하고 있는 현재의 지배적인 '경제'관觀은 자기 편의적인 **동어
반복**과, 정당하다고 인정할 수 없는 자기정당화를 위해 고안된 (동시에 기

각될 뿐 아니라 임의로 조립된) 잘못된 대당對當이나 허위의 양자택일과만 양립할 수 있다. 빤한 — 그리고 위험스럽게 모두를 감염시키는 — 동어반복인 성장으로서의 생산성과 생산성으로서의 성장이라는 임의적 규정이 제시되고 있다. 비록 성장과 생산성이라는 용어는 역사적으로 제한되고 객관적으로 지속 가능한 각각의 평가를 필요로 하지만 말이다. 당연히, 명백한 동어반복의 오류가 (요구되는 적절한) 이론적·실천적 평가보다 훨씬 더 선호되는 까닭이 있다. 그것은 자본 시스템을 보증하는 이들 두 핵심 용어의 동일성을 임의로 선포함에 의해, 극히 문제시되는 — 그리고 궁극적으로 자기 파괴적이기도 한 — 사회재생산 질서의 자명한 타당성과 초超시간적인 우월성이 그럴듯하게 보일 뿐 아니라 절대 의심할 바 없게 보이기 때문이다. 동시에, 성장과 생산성의 임의로 선포된 동어반복적 동일성은 '성장이냐 제로 성장no-growth이냐' 간의 똑같이 임의적이고 자기 편의적인 양자택일에 의해 지탱된다. 게다가 이 양자택일은 자본주의적으로 가정되고 정의된 '성장'을 지지하는 쪽으로 자동적으로 예단豫斷된다. 성장 그 자체와 동의어인 영원永遠을 전제前提하는 방식 — 현실에서는 엄격히 역사적이지만, 그 주장에서는 부조리하게 초超시간적인 방식 — 에 부응하여 성장은 물신숭배적 수량화로써 이미지가 부여되고 정의된다. 즉 인간의 필요와 사용을 충족시키기 위한 기본 전제로서 특수하고 인간적으로 의미 있는 것이라기보다는 자본 확장의 증대라는 추상적 일반성으로 정의된다.

이 양자택일은, 자본주의적 성장이 인간의 필요와 사용으로부터 교정할 수 없게 유리遊離되는 것 — 실제로 자본주의적 성장이 인간의 필요에 대해 잠재적으로 매우 재앙적이고 파괴적으로 대립하게 되는 것 — 이 은연중에 자신의 본성을 드러내는 곳이다. 범주적으로 선포된 성장과 생산성의 잘못된 동일성의 뿌리에 있는 물신숭배적 신비화와 임의적인 가정假定이 일단 벗겨지면, 전제됨과 동시에 모든 비판적인 검토로부터 자동으로 면제된 그런 종류의 성장은 인간의 필요에 상응하는 지속 가능한 목표들과 결코 본질적으로 결부시켜 생각할 수 없다는 것이 매우 뚜렷해진다. 자본의 사회신진대사적 우주에서 어떤 비용을 치르더라도 주장되고 수호되어야 할 유일한 연결은, 전제된 **자본 확장**과 순환적으로 상응하는 (그러나 실제로는 똑같이 전제된) '성장'의 잘못된 동일성이다. 심지어 가장 파괴적 유형의 성장이 자연과 인류에게 가져올 결과가 무엇이 될지라도 그러하다. 왜냐하면 자본의 실질적 관심은 오직 그 자신의 **계속 증대하는 확장** — 비록 그것이 인류의 파괴를 초래한다 할지라도 — 일 수 있기 때문이다.

이와 같은 관점에서 보면, 기왕 어떤 기회에 인간의 필요가 언급될 바에는, 가장 치명적인 암癌적 성장조차 인간의 필요와 사용에 맞서 그것의 개념적 우선성을 지켜내야 한다. 그리고 자본 시스템의 변호론자들이 『성장의 한계』[5]를 고려하고자 할 때 — 1970년대 초에 로마 클럽이 광범위한 자본 변호론적 선전 사업에서 그러했듯이 — 그 목적은 여전히 불가피하게, **현존하는 심각한 불평등의 영구화**[6]이다. 그 방식은 현존하는 문제들을 (맬서스 이래로 부르주아 정치경제학이 관습적으로 그랬듯이) 주로 '인구 증가' 탓으로 돌리면서, 전 지구적 자본주의 생산을 도저히 지킬 수 없는 수준에서 허구적

---

5 매우 과장된 그 제목 전체로 이 책을 인용하면, *The Limits to Growth: A Report for the Club of Rome Project on the Predicament of Mankind*, A Potomac Associates Book(London: Earth Island Limited, 1972).

6 흥미롭게도, 이 '성장 제한' 사업의 배후에 있는 주요 이론가인 매사추세츠 공과대학MIT 제이 포레스터Jay Forrester 교수는 평등에 대한 모든 관심을 단순한 '평등의 표지標識'일 뿐이라며[평등에 대한 실제적 관심이 아니라는 의미: 역주] 경멸적으로 기각했다. *Le Monde*(Aug. 1, 1972)에서 그의 인터뷰를 보라.

으로 (그리고 돈키호테식으로) 동결하는 것이다. 그야말로 '인류의 곤경'과 관련된 것처럼 수사적修辭的으로 그럴듯하게 둘러대는, 그런 냉담하고 위선적인 '개선 의도'와 비교해보면, (자신이 익숙했던 것보다 다소라도 더 공평한 분배를 진정으로 주장했던) 존 스튜어트 밀의 온정주의적 설교는 급진적 계몽 패러다임이다.

'성장이냐 제로 성장이냐'의 특징이 자기 편의적인 잘못된 양자택일이라는 것은 '제로 성장'의 가정假定이 자본의 사회질서에서 불평등과 고통의 심각한 조건들에 미치는 불가피한 영향이 무엇일까를 생각해보는 것만으로도 자명하다. 그것은 인류의 압도적 다수에게 (현재 그들이 견디도록 강요되고 있는) 비인간적 조건들을 영원히 선고宣告하는 것을 의미할 것이다. 왜냐하면 '제로 성장'에 대한 참된 대안을 창출할 수 있는 때에, 수십억 사람들에게 그런 비인간적인 조건들을 견디라고 문자 그대로 강요하는 것이기 때문이다. 현재 범죄적으로 낭비되고 있는 물적·인적 자원들 세계에서, 이미 달성된 생산성 잠재력을 인간적으로 훌륭하고 보람 있게 사용함으로써, 적어도 지구적 궁핍의 최악의 효과를 바로잡는 것이 분명히 실행 가능한 그런 조건들이 현재 갖추어져 있는데도 말이다.

5.3

확실히, 우리는 긍정적인 **생산성 잠재력**을 말할 수 있을 뿐이지 그것의 현존하는 현실성을 말할 수 있는 것은 아니다. 구식의 단일 이슈 개혁가들은 우리가 실제로 그렇게 하기로 결정하기만 하면 오늘날 우리가 처분할 수 있는 생산력으로 '당장' 그것을 할 수 있다고 자기 소망을 주장하고, 녹

색[생태주의: 역주] 선의는 좋으나 무한한 환상을 품고 종종 생산성의 현존하는 현실성을 예견한다. 그러나 불행히도 그러한 관점은 우리 생산 시스템이 지금 접목되는 방식 — 미래에 근본적인 재접목을 필요로 하는 — 을 완전히 간과하고 있다. 왜냐하면 (파괴적 생산이라는 현재의 지배적인 현실 형태에 있는) 자본주의적 성장과 융합한 생산성은 매우 방해가 되는 적敵이기 때문이다. 우리 현존 사회에서 숱하게 울부짖는 불평등과 부정의不正義를 바로잡을 수 있도록 생산 발전의 긍정적 가능성을 절실한 현실성으로 전환하기 위해서는, 질적으로 상이한 사회질서의 규제 원리를 채택하는 것이 필수적일 것이다. 달리 말하자면, 현재 파괴적으로 부정된 인류의 생산성 잠재력이 사회적으로 실행 가능한 생산력이 되려면 그 자본주의적 외피로부터 해방되어야 할 것이다.

1970년대 초에 달성된 수준에서 생산을 동결하자는 공상적 주장은, 매사추세츠 공과대학MIT에서 개발한 공허한 유사 과학적 모델을 퍼뜨림으로써, 미국 지배의 전후戰後 제국주의의 실제적 역관계를 무자비하게 강요하는 것을 숨기려고 했다. 물론, 그러한 제국주의의 변종은 (레닌이 알았던) 그 초기형태와는 매우 달랐다. 왜냐하면 레닌 살아생전에는 적어도 6개의 주요 제국주의 열강들이 실제의 그리고/또한 기대된 정복이 가져다줄 보상을 놓고 다투고 있었기 때문이다. 그리고 심지어 1930년대에 히틀러는 일본, 무솔리니의 이탈리아와 함께 폭력적으로 재규정된 제국주의의 과실을 여전히 나누어 가지려고 했다. 그와 달리 우리 시대에는 압도적으로 지배적인 열강인 미국과 더불어, 우리는 전 지구적 패권 제국주의[7]에서 비롯

---

7   *The Challenge and Burden of Historical Time*, Chapter 4, 특히 Section 2, "The Potentially Deadliest Phase of Imperialism"[이 책의 전체 버전 『역사적 시간의 도

되는 현실 ― 그리고 그 치명적 위험 ― 에 직면하지 않을 수 없다. 히틀러와
도 달리, 단일 패권국인 미국은 전 지구적 지배를 어떤 경쟁자와도 전혀 나
누려고 하지 않는다. 그리고 그것은 단순히 정치적·군사적 우연 때문이 아
니다. 문제들은 훨씬 더 깊다. 문제들은 자본 시스템의 **구조적 위기**가 심화
됨에 따라 점차 악화해가는 모순들을 통해 나타난다. 미국 지배의 전 지구
적 패권 제국주의는 현재 잇따른 대량학살 전쟁을 통해 (자신에 맹종하는 '의
지의 동맹들'의 지원이 있든 없든 강요되고 있는) 세계의 나머지 부분에 대한
매우 잔인하고 폭력적인 지배를 통해 구조적 위기에 대한 해결책을 마련하
려는 ― 결국 헛된 ― 시도를 하고 있다. 1970년대 이래로, 미국은 **파국적인
부채**로 점점 더 깊게 가라앉고 있다. 여러 미국 대통령이 공공연하게 선포
한 환상적 해법은 '**시간이 지나면 해결될 것**'이라는 것이었다. 그리고 그 결
과는 천문학적이고 여전히 증가하는 부채 형태로, 정반대로 나타났다. 따
라서 미국은 세계 전역으로부터 ― 현재 성공적으로 지배하고 있는 단일 패권
국인 미국의 전 지구적인 사회경제적·정치적·군사적 지배 덕택에 ― 자본주의
적 성장의 결실을 이전하는 것을 통해 가능한 모든 것을 독차지해야 한다.
이 목적을 위해 필요할 때마다 가장 폭력적인 군사침략을 포함한 가용한
모든 수단을 사용한다. 그렇다면 제 정신 가진 사람이라면, '평등 구호'에
대한 냉담한 경멸로 아무리 잘 무장되었다 하더라도, 미국 지배의 전 지
구적 패권 제국주의가 한 순간이라도 '제로 성장'이라는 만병통치약을 진지하
게 받아들일 것이라고 어찌 생각할 수 있겠는가? '인류의 곤경'에 대한 위
선적 관심으로 아무리 과장되게 포장되더라도, 최악의 부정직한 사람만이

전과 책무』제4장, 특히 제2절 「제국주의의 잠재적으로 가장 치명적인 국면」: 역
주)을 보라.

그러한 생각을 제안할 수 있을 것이다.

다양한 이유 때문에, 현재와 미래 어느 쪽이든 성장의 중요성에 대해서는 의문이 있을 수 없다. 그러나 현재까지 우리가 익히 알고 있는 바의 성장 개념만이 아니라 미래에 그 지속 가능성을 예상할 수 있는 바의 성장 개념에 대해서도 적절한 검토가 있어야 한다. 우리가 성장 필요성을 펀드는 것이 무조건의 성장을 지지하는 것일 수는 없다. 의도적으로 회피된 실제 문제는, 우리 주변 어디에서나 볼 수 있는 위험스러울 정도로 낭비적이고 심지어 큰 손실을 끼치는 자본주의적 성장과 대비해서, 오늘날 어떤 종류의 성장이 현재와 미래 모두에 실행 가능한가이다. 왜냐하면 성장은 또한 장기적으로 미래에 긍정적으로 지속 가능해야 하기 때문이다.

이미 언급했듯이, 자본주의적 성장은 **물신숭배적 수량화**의 피할 수 없는 한계에 의해 숙명적으로 지배된다. 점차 악화되는 **낭비성**은 그러한 물신숭배의 필연적 귀결이다. 왜냐하면 그것의 준수를 통해 낭비성이 교정될 수 있는 어떤 표준이나 실행 가능한 척도도 있을 수 없기 때문이다. 다소 임의적인 **수량화**가 그 맥락을 부여하고, 또한 동시에 일단 필요한 양量이 더 강력한 양을 위해 확보되면 더는 중대한 문제가 있을 수 없다는 환상을 만들어낸다. 그러나 사태의 진상은 현실에서 자기중심적인 수량화가 단기短期에조차 생산적으로 실행 가능한 전략 형태로 전혀 지속될 수 없다는 것이다. 왜냐하면 그것은 부분적이고 (전혀 맹목은 아니라 해도) 근시안적이기 때문이다. 그것은 (의식하든 않든) 만사를 궁극적으로 결정하는 사회경제적 기업 그 자체의 필연적으로 연관된 **구조적 한계**와 관계하는 것이 아니라, 주어진 생산 과업의 성취를 방해하는 **직접적 장벽**에 해당하는 양量들과만 관계한다. (구조적 한계가 자본의 사회신진대사 질서의 극복할 수 없는 규정에 해당하기 때문에) 그 한계를 무시하기 위해, **구조적 한계**를 (양적으로 극복될 수 있는) **장벽**과 자본주의적 필연으로 혼동하는 것은 전체 생산 시스템의 성장 지향을 손상시킨다. 성장이 실행 가능하게 되려면 성장에 대한 철저한 **질적 고려**가 필요할 것이다. 그러나 그것은 여러 한계와 질적 제약에 대한 고려와 양립할 수 없는, 무조건적이고 의심할 바 없는 자본의 **자기확장적 추동력** 때문에 전적으로 가로막힌다.

자본 시스템의 거대한 혁신은 **양**量의 지배가 압도함으로써 —비변증법적으로— 작동할 수 있다는 것이다. 자본은 **모든 것**을 가치와 교환가치의 형태로 포섭한다. 여기에는 **추상적인 양적 규정**하에 놓여 있는 (인간의 필요와 사용이라는 질과 분리될 수 없는) 살아 있는 인간노동도 포함된다. 그리하여 모든 것은 한정된 기간 동안 수익성 있게 동일단위로 측정, 관리될 수 있게 된다. 이것이 자본이 거둔 (오랫동안 저항할 수 없는) 사회역사적 승리의 비밀이다. 그러나 우리 자신의 역사적 시대에 종종 일어나듯이, 그 시스템의 **절대적 한계**, 즉 시스템의 **상대적 한계**와 대비되면서 생산적으로 정복할 수 있는 확장을 저해하는 장벽에 해당하는 한계가 전면적으로 활성화되면, 자본의 사회역사적 승리는 또한 자신의 궁극적 지속 불가능성과 필연적인 해체의 전조前兆이기도 하다. 그 시스템의 절대적 한계가 전면적으로 활성화될 때, 양의 질에 대한 비변증법적 지배가 위태롭게 되고 유지할 수 없게 된다. 왜냐하면 우리 시대에 (책임 있는 관리에 필적하는) **절약으로서의 경제**의 기본적인, 그러나 자본주의하에서 필연적으로 퇴장되었지만 핵심적인 규제 지향으로서 지금 의식적으로 채택되어야 할 고유한 연관을 무시하는 것은 상상할 수 없기 때문이다. 우리는 지배적 생산 시스템의 '의지의 인격화'가 그 핵심적인 객관적 연관에 대한 모든 자각을 일소해버리는 데 전력을 기울이고 있고, (극히 낭비적인 생산 관행을 찬양할 뿐 아니라 심지어 무제한적인 '예방적·선제적 전쟁들'에 치명적으로 파괴적인 개입을 하는 것을 칭송하

> ➤ **종차種差, specificity** 사물에 대한 정의定義인 개념은 유류類 개념과 종차로 구
> 성된다. 예를 들면 "평행사변형은 두 쌍의 대변이 서로 평행인 사각형이다"는 평
> 행사변형 개념에서 '사각형'이 유개념이고 '두 쌍의 대변이 서로 평행'이 종차로
> 서 사각형에서 특정한 종류의 부분을 가려내 주는 것이다.

는) 부인할 수 없는 파괴성을 선택하고 있는, 역사적 시간의 임계점臨界點에
놓여 있다.

　질質은 바로 그 본성상 ➤종차와 분리할 수 없다. 따라서 질을 존중하는,
무엇보다도 그 생산 주체들인 살아 있는 인간의 필요를 존중하는 사회신진
대사 시스템은 위계적으로 조직화될 수 없다. 자주관리로 간략하게 요약되
는, 그러한 질적으로 상이한 재생산 신진대사의 기초 위에서 작동되는 사
회에는 근본적으로 상이한 종류의 사회경제적·문화적 관리가 요구된다.
조직화는 자본의 사회신진대사 질서를 위해 필수적이었고 또한 실행 가능
했다. 실제로 자본의 명령구조는 다른 방식으로 기능할 수 없었다. 구조적
으로 확보된 위계와 권위주의적 조직화는 자본 명령구조의 규정적인 특징
이다. 대안 질서는 자본 시스템에서 통용되는, 틀림없이 필요노동시간의
엄격한 양적 작동을 포함하는 회계 업무나 조직화와 양립할 수 없다. 그리
하여 대안적 사회신진대사 질서에서 필수적이고 실행 가능한 종류의 성장
은 인간의 필요, 즉 사회 전체와 그 특정 개인들 양자 모두의 실제적이고 역
사적으로 발전하는 필요에 직접 해당하는 질에만 기초할 수 있다. 동시에,
필요노동시간의 제한적이고 물신숭배적인 시간 회계에 대한 대안은 사회
적 개인 스스로가 의식적으로 제공하고 관리하는, 그들을 자유롭게 하고
해방시키는 가처분시간[8]일 뿐이다. 사용 가능한 인적·물적 자원들에 대한
그런 종류의 사회신진대사 통제는 절약하는 것인 경제의 지향원리에서 생

거나는 전반적인 한계를 모두 존중할 것이고, 실제로 존중할 수 있으며, 동시에 그런 한계를 안전하게 허용된 역사적 발전 조건으로 의식적으로 수용할 것이다. 결국 우리는 "첫 번째 역사적 행위는 새로운 필요의 창조였다"(마르크스)는 사실을 잊어서는 안 된다. 경제를 다루는 자본의 무모한 방식, 즉 합리적 절약으로서가 아니라 끝없는 낭비를 가장 무책임하게 정당화하는 방식만이 (인간의 필요를 자본의 필요로, 오직 자기재생산 확대의 실질적 필요로 대체하고, 그리하여 인간 역사 자체를 끝장낼 것을 위협함으로써) 이 역사 과정을 총체적으로 일탈시키고 있는 것이다.

5.4

부분적 교정책일지라도, 만약 그것이 정말로 질質을 지향하는 것이라면. 자본의 작동 장치 안으로 도입될 수 없다. 왜냐하면 이 측면과 관련된 유일한 질은 어떤 추상적이고 물리적인 특성이 아니라, 필요와 분리될 수 없는 인간적으로 의미 있는 질이기 때문이다. 물론 앞에서 강조했듯이, 그러한 질이 개인 스스로와 그들의 역사적으로 주어진, 변화하는 사회관계에서 양쪽 모두 명확하게 정의될 수 있는 특정한 인간적 필요에 상응하여 항상 특수한 것은 사실이다. 따라서 그 다방면에 걸친 특이성에서 그 질은 그 고유의 체계적 한계와 함께, 통일성 있고 잘 규정된 일련의 신성한 체계적 규정을 구성한다. 어떤 의미 있게 작동하는 규정과 지향 원리를 예상되는 대안

---

8 [역주] 28쪽 '이 책에 나오는 주요 핵심용어' 참조.

적 사회신진대사 질서로부터 자본 시스템으로 이전하는 것을 불가능하게 만드는 것은 바로 그런 전혀 추상적이지 않은 체계적 한계의 존재이다. 그 두 시스템은 근본적으로 상호배타적이다. 왜냐하면 대안 질서에서, 인간 필요에 상응하는 특수한 질이 인간적으로 타당한 사회재생산 통제 시스템의 필수적 부분으로서, 그들의 전반적인 체계적 규정의 지울 수 없는 흔적을 간직하기 때문이다. 반대로, 자본 시스템에서는 전반적 규정이 변함없이 추상적이다. 왜냐하면 자본의 가치관계가 결과에 상관없이 자본 확장을 위한 모든 것에 대한 그 소외적인 역사적 지배를 관철하기 위하여, (필요와 사용에 상응하는) 모든 질을 측정 가능한 일반적인 양量으로 환원시켜야 하기 때문이다.

두 시스템의 양립 불가능성은 우리가 한계 그 자체 문제에 대한 그들의 관계를 고려할 때 확실히 분명해진다. 대안적 사회신진대사 통제하에서 긍정적으로 장려되는 유일하게 지속 가능한 성장은 ― 그것들을 위반하면 선정된, 그리고 인간적으로 타당한 재생산 목표들의 실현이 위태롭게 될 ― 그런 한계들을 의식적으로 수용한 것에 기초해 있다. 따라서 (명확히 식별될 수 있는 제한적 개념인) 낭비성과 파괴성은 (사회적 개인이 핵심적 지향원리로 채택한) 의식적으로 수용된 체계적 규정들 자체에 의해 절대적으로 배제된다. 그와 달리, 자본 시스템은 그 고유한 체계적 한계를 포함하여 모든 한계의 (의식적이든 무의식적이든) 거부를 그 특징으로 하고, 그렇게 숙명적으로 추동된다. 심지어 자신의 고유한 체계적 한계조차 그것이 마치 극복할 수 있는 우연한 장벽인 것처럼 임의로, 그리고 위험스럽게 취급된다. 따라서 우리 자신이 살고 있는 이 역사적 시대에 일어날 개연성이 매우 높은 총체적 파괴를 포함한 심각한 사태가 이 사회재생산 시스템에서 일어난다.

물론, 한계 문제에 대한 이 상호배타적 관계는 또한 그 반대로도 작용한

> ▶ **고르바초프**Gorbachev(1931~) 소련의 정치가. 1985년 소련공산당 서기장으로 선출된 후 페레스트로이카(개혁)를 추진하여 소련 국내에서의 개혁과 개방뿐만 아니라, 동유럽의 민주화 등 세계질서에 큰 변혁을 가져오게 했다. 1990년 소련 최초의 대통령에 선출되었고, 1991년 7월 마르크스·레닌주의와 계급투쟁을 수정하는 소련 공산당 새 강령을 마련했다. 그는 1991년 8월 보수 강경파에 의한 쿠데타로 한때 실각했다가 쿠데타의 실패로 3일 만에 복권했고, 공산당을 해체시켰다. 그러나 옐친 등의 주도로 소련이 해체되고 독립국연합이 탄생하자 1991년 12월 25일 대통령직을 사임했다.

다. 그리하여 대안적 사회신진대사 질서를 창출하고 강화할 때 자본 시스템으로부터 빌려온 '부분적 교정책'은 있을 수 없다. 두 시스템의 부분적인 ── 일반적으로는 말할 것도 없고 ── 양립 불가능성은 그들의 가치 차원의 근본적 양립 불가능성에서 생겨난다. 앞에서 말했듯이, 이것이 대안 질서의 특정한 가치 규정과 관계가, ('점진적으로'라는 공허한 방법론과 융합된) 몇몇 전적으로 비현실적인 개량주의적 기획이 가정했듯이, 개선을 목적으로 자본의 사회신진대사 틀로 이전될 수 없었던 이유이다. 왜냐하면 대안 시스템의 가장 소소한 관계들조차 (그 심층적 본성에 따라 그 신성한 기초 공리公理가 낭비와 파괴를 근본적으로 배제하는) 인간 필요의 전반적 틀의 **일반적 가치** 규정 속에 깊이 배태되어 있기 때문이다. 동시에 다른 측면에서는 어떤 부분적인 '교정책'도 자본의 작동 틀로부터 진정한 사회주의 질서로 이전될 수 없다. 이는 ▶고르바초프의 '시장사회주의' 모험의 재앙적인 실패가 고통스럽게 그리고 확실하게 보여주었다. 왜냐하면 그 점에서도 또한 우리는 가치 규정의 근본적인 양립 불가능성과 항상 직면할 것이기 때문이다. 물론 그 경우에 관련된 가치는 (자본 시스템 자체의 궁극적인 한계이면서도 꼭 못 보고 지나치는) 파괴적인 **반가치**counter-value일 것이다. 자본의 체계적 한계들은 전적으로 낭비나 파괴와 양립할 수 있다. 왜냐하면 그러한 규범적인 고려는 자본에게 부차적인 것일 뿐이기 때문이다. 좀 더 기본적인 규정들이 그러한 관심사들보다 선행해야 한다. 이것이 낭비와 파괴에 대한 자본의 본래의 **무관심**(자본에서 무관심보다 더 긍정적 자세는 결코 없다)이, 사정에 따라 낭비와 파괴에 대한 매우 적극적인 장려로 전환되는 이유이다. 실제로 낭비와 파괴는 이 시스템에서 압도적인 체계적 규정인자인 **자본 확장의 지상명령**에 직접 예속되어, 무자비하게 추구되어야 한다. 그것은 우리가 자본 시스템 발달의 역사적 상승 국면을 지날수록 더욱더 그러하다. 그리고 자본의 저명한 이데올로그들이 반가치의 압도적 관철을 '가치중립성'으로 흔히 잘못 설명하고 합리화하는 데 속아 넘어가서는 안 된다.

그러므로 고르바초프의 불운한 페레스트로이카 시대에 그의 '이데올로기 담당 서기'(공식 명칭)가 자본주의 시장과 그 상품관계들이 '보편적 인류 가치'의 도구적 구현이고 '인류 문명의 주요한 성취'라고 엄숙하게 주장하며, 이 기괴한 투항적 주장에 자본주의 시장은 심지어 '사회주의 갱신의 보증자'[9]라고까지 덧붙일 수 있었던 것은 믿어지지 않는 일이었다. 그 이론가들은 자본주의 시장이 결코 융통성 있는 중립적인 '기구'가 아니었을 때 '시장기구'의 채택에 관해 계속 말했다. 자본주의 시장은 실제로 교정할 수 없을 만큼 가치 판단적이었고, 항상 그럴 수밖에 없다. (기이하게도 고르바초프의 이데올로기 담당 서기와 기타 사람들이, 사회주의 이념을 '노예의 길'[10]이라

---

9   Vadim Medvedev, "The Ideology of Perestroika" in Abel Aganbegyan(ed.), *Perestoika Annual*, vol.2(London: Futua/Macdonald, 1989), pp.31~32.

10   하이에크의 매우 유명한, 십자군 전쟁 같은 책의 제목.

고 격렬하게 비난했던 폰 하이에크류類들과 공유했던) 이런 종류의 관점에서는, 교환 일반은 몰역사적이고 반反역사적으로 **자본주의적 교환**과 동일시되었고, 자본주의 시장의 더욱 파괴적으로 되어가는 현실이 가공적인 자비로운 '시장' 일반과 동일시되었다. 그러므로 그들은 의식적으로든 무의식적으로든 투항해서, 자본의 사회신진대사 질서의 내적 규정들이 요구하는 (궁극적으로 제국주의적 파괴와 분리될 수 없는) 필연적이고 냉혹한 **시장 지배 시스템의 지상명령**을 이상화했다. 이 투항적인 입장의 채택은 고르바초프의 개혁 문서에도 공표되어 훨씬 더 큰 해악을 끼쳤다. 왜냐하면 그가 다음과 같이 주장했기 때문이다.

시장에 대한 대안은 없다. 시장만이 인민의 필요에 대한 충족, 부의 공평한 분배, 사회적 권리들 그리고 자유와 민주주의의 강화를 보증해줄 수 있다. 시장은 소련 경제가 세계경제와 유기적으로 연계되도록 해주고, 우리 시민들이 세계문명의 모든 성취에 접근할 기회를 줄 것이다.[11]

물론, 전 지구적 자본주의 시장으로부터 모든 영역에서 이른바 성취와 이익이라는 모든 멋진 것들을 '인민에게' 풍부하게 공급할 것을 기대하는, 고르바초프의 '대안 없는' 희망적 사고가 총체적으로 비현실적이라면, 이 모험은 매우 굴욕적으로 소련형型 시스템의 재앙적인 해체로써만 종말을 고할 수 있었다.

----

[11] John Rettie, "Only market can save Soviet economy," *The Guardian*(Oct. 17, 1990)에서 인용된 고르바초프.

5·5

'대안이 없다'는 명제가 자본의 관점에서 공식화된 사회경제적·정치적 생각에서 그처럼 중요한 자리를 차지한다는 것은 전혀 우연도 아니고 놀라운 일도 아니다. 애덤 스미스, 헤겔 같은 위대한 부르주아 사상가들조차도 이 점에서 예외일 수는 없다. 왜냐하면 부르주아 질서가 역동적인 **자본 확장** 형태로 관철되는 데 성공하거나 아니면 궁극적으로 실패할 운명에 처하거나 그 둘 중 하나라는 것은 단연코 진실이기 때문이다. 자본의 관점에서는 끝없는 자본 확장에 대한 **생각해봄직한** 대안이 실제로 있을 수 없고, 이는 따라서 자본의 관점에 선 모든 사람의 비전을 규정한다. 그러나 이런 관점의 채택은 또한 시스템 발달의 상승 국면을 지나 일정 시점을 넘어선 통제 불능의 자본 확장에 대해 '**치러야 할 어떤 대가**' 문제가 전혀 고려되지 못한다는 것을 의미한다. 그러므로 시스템의 확장 명령을 시스템의 가장 기본적이고 절대로 변경 불가능한 규정 인자로 내면화함으로써 자본의 관점을 채택하는 데 따른 필연적인 귀결은 역사적 시간의 훼손이다. 위대한 부르주아 사상가들의 생각에서조차 이 입장은 관철되지 않을 수 없다. 그 규정적인 특징이 기존의 것과 현저하게 다른 대안적인 미래 사회질서는 있을 수 없다. 이것이 그의 당대에 이르기까지 가장 심오한 역사관을 체계화한 헤겔조차, 자본의 변경 불가능한 현재에서 역사의 종말을 자의적으로 찾고, 국민국가들의 전체 시스템의 파괴적 함의를 예리하게 파악하면서도, 자본주의 국민국가[12]를 모든 상상 가능한 역사적 발달의 최고 정점으로 이

---

12 헤겔이 이상화한 전제 하나를 인용하자면, "**국민국가는 실질적 합리성과 직접적 실제성의 정신이고, 그러므로 지구상에서 절대권력이다**". Hegel, *The Philosophy*

상화하지 않을 수 없었던 이유다.

그리하여 부르주아 사고 속에는 대안 없음이라는 유해한 교조敎條를 선포하는 것 외에 다른 방도가 있을 수 없다. 그러나 사회주의자들이 끝없는 (그리고 그 본성상 통제할 수 없는) 자본 확장을 채택하는 것은 전적으로 어리석은 일이다. 왜냐하면 그에 따른 (특성상 무제한적인) '소비'의 이상화理想化로 인해, 자본의 무비판적인 자기확장 관점에서는 파괴와 소비 간의 차이가 있을 수 없다는 기초적인 진실을 간과하기 때문이다. 요구되는 목적을 위해서는 파괴든 소비든 어느 것이나 좋다. 자본관계 속의 상거래는, 군산복합체의 제품과 그것의 비인간적 전쟁에서의 사용으로 구체적으로 나타나는, 가장 파괴적인 종류의 상거래조차 새로운 순환을 개시할 수 있도록 자본의 확대재생산 순환을 성공적으로 완수하기 때문에 그러하다. 이것은 그 결과가 아무리 지속 불가능할지라도 자본에게 실질적으로 문제가 되는 유일한 것이다. 따라서 사회주의자들이 성장 옹호의 필수적인 기초로서 자본 확장 명령을 내면화할 때, 그들은 단순히 하나의 고립된 교의敎義를 받아들이는 것이 아니라 전체 '패키지 거래'를 받아들인다. 알고서든 아니든, 그들은 필수적인 자본 확장의 무비판적인 옹호에서 파생될 수 있는, "성장이냐, 제로 성장이냐"와 같은 모든 **잘못된 양자택일**을 동시에 받아들인다.

우리는 **제로 성장**의 잘못된 양자택일을 거부해야 한다. 왜냐하면 그것을 채택하는 것은 지금 세계를 지배하는 가장 섬뜩한 비참함과 불평등을 그것들과 분리할 수 없는 투쟁이나 파괴와 함께 영구화할 것이기 때문이다. 그러한 접근방식의 근본적 부정은 필수적인 출발점일 뿐이다. 우리 비전의

of Right(Oxford: Clarendon Press, 1942), p.212.

본질적으로 긍정적인 차원은 부富 자체의 기본적 재정의再定義를 포함한다. 자본의 사회신진대사 질서하에서 우리는 (좁게는 경제 영역에서부터 문화와 정신 영역에 이르기까지 삶의 모든 측면에 직접 영향을 미치는) 사회를 소외시키는 부의 지배에 직면하고 있다. 따라서 우리는 그 핵심적 관계를 완전히 180도 전환하지 않고서는 자본의 모든 궁극적으로 파괴적인 규정들과 거짓 양자택일과 함께 자본의 악순환에서 벗어날 수 없다. 다시 말해 사회, 즉 자유롭게 연합한 개인들의 사회가 부를 지배하게 만들지 않고서는, 그리고 동시에 인간 노동의 생산물이 쓰이는 용도用途와 시간에 대한 개인의 관계를 재규정하지 않고서는 자본의 악순환에서 벗어날 수 없다. 이미 마르크스는 초기 저작에서 이렇게 말했다.

> 계급 적대가 종식되고, 더는 어떤 계급도 존재하지 않을 미래 사회에서는 사용使用, use이 최소생산시간에 의해 결정되지 않을 것이다. 오히려 한 물건을 만드는 데 들어가는 생산시간이 그 사회적 효용의 정도에 의해 결정될 것이다.[13]

이것은 부富를 (부의 창조자인 실제적 개인을 무시해야 하는) 물신숭배적인 물질적 실체로 파악하는 것과 비타협적으로 결별하는 것을 의미한다. 자본

----

13 Marx, *The Poverty of Philosophy* in Marx and Engels, *Collected Works*, vol.6 (London: Martin Lawrence Ltd.), p.134. 이는 *Beyond Capital,* Chapter 19("The Communitarian System and the Law of Value in Marx and Lukács")에서 인용되었다. 또한 몇몇 중요한 관련 쟁점을 다루고 있는 *Beyond Capital,* Chapter 15("The Decreasing Rate of Utilization Under Capitalism")과 Chapter 16("The Decreasing Rate of Utilization and the Capitalist State")을 참조하라.

이 "부의 창조자이자 구현물"로서 스스로를 부와 동일시하는 거짓 주장을 펴면서, 자신의 사회신진대사 통제를 자기 정당화하는 데서 개인을 무시해야 하는 것은 당연한 일이다. 이런 방식으로 실질적 부의 역할을 빼앗고 그것의 가능한 잠재적 사용을 전복하기 때문에, 자본은 역사적 시간의 적敵이다. 이것은 인류의 생존 자체를 위해 제거되어야 할 것이다. 그리하여 역사적으로 스스로 결정하는 실제적 개인들 간에 전개되는 관계의 모든 구성요소는 (그들이 창조하고, 유일하게 실행 가능한 시간양식, 즉 가처분시간의 의식적 적용을 통해 긍정적으로 배분하는) 부와 함께, 질적으로 상이한 사회신진대사 틀 속에서 결합되어야 한다. 마르크스의 말로 표현하면 다음과 같다.

…… 실질적 부는 모든 개인의 발달한 생산력이다. 그러면 부의 척도는 어쨌든 이제 노동시간이 아니라, 오히려 가처분시간이다. 가치의 척도로서의 노동시간은 부 자체를 빈곤에 입각한 것으로 정립하고, 가처분시간을 잉여노동시간과의 대립 속에서, 그리고 이 대립에 의해서만 실존하는 것으로 정립한다. 또는 개인의 전체시간을 노동시간으로 정립하고, 따라서 그를 단순한 노동자로 격하시킨다. 즉 노동으로 포섭한다.[14]

가처분시간은 개인의 실제의 역사적 시간이다. 이와 달리, 자본의 사회신진대사 통제양식이 기능하는 데 요구되는 필요노동시간은 반反역사적이다. 개인이 그 자신의 생활 활동을 통제하는 데서 참된 역사적 주체로서 스스로를 주장하고 실현할 수 있는 유일한 방식을 부정하기 때문이다. 자본

---

14 Marx, *Grundrisse*(Harmondsworth, Penguin Books), p.708.
    [역주] 번역본: 『정치경제학 비판 요강 II』, 김호균 옮김(그린비, 2007), 384쪽.

의 필요노동시간 형태에서는, 개인은 "사회적 개인의 필요에 의한"[15] 질적인 인간적 기준과 관련해서 판단되고 측정되는 대신, 항소심 법정도 없는 압제적인 판단과 개인을 격하시키는 척도로서 실행되는 시간에 예속되어 있다. 그래서 부당하게 스스로를 절대화하는 반역사적인 자본의 시간은 (우리가 앞에서 보았듯이, 산 노동을 시간의 형해形骸로 환원하는) 물신숭배적인 규정 인자로서 인간의 삶 위에 덧씌워진다. 그렇다면 역사적 도전은 대안적 사회신진대사 질서에서, 소외시키는 규정 인자인 (자본의 동결된) 시간의 지배로부터, 필요노동시간의 압제를 통해 쥐어짜질 수 있는 것보다 비교할 수 없이 더 풍부한 가처분시간 자원을 그들이 선택한 목표들의 실현에 의식적으로 투여할 수 있는 사회적 개인이 직접 자유롭게 결정하는 쪽으로 나아가는 것이다. 이것이 절대적으로 핵심적인 차이이다. 사회적 개인만이, 그들을 지배하는 필요노동시간과 날카롭게 대비되게, 그들 자신의 가처분시간을 실제로 결정할 수 있다. 시간이 압제적인 규정인자로부터 재생산 과정의 자율적이고 창조적으로 결정된 구성요소로 변형될 수 있는, 유일하게 생각할 수 있는 그리고 올바른 길은 가처분시간의 채택이다.

5.6

이 도전은 구조적으로 강제된 위계적인 사회적 분업의 폐지를 반드시 포함한다. 왜냐하면 시간이 압도적 다수의 잉여노동시간을 추출하는 명령 형

---

15 같은 책.

태로 사회를 지배하는 한, 이 과정을 떠맡은 인원들은 소외시키는 시간 명령의 의지의 집행자로서 그 기능에 부응하여, 실질적으로 상이한 실존형태를 이끌어야 한다. 동시에 개인의 압도적 다수는 "단순한 노동자로 격하되고 노동에 포섭된다". 그런 조건하에서 사회재생산 과정은 (복귀 가능한 길이 없다는 위험스런 궁극적인 함의를 지닌) 그 구조적 위기로 점차 깊게 빠져들 수밖에 없다.

'정상상태'의 악몽은, 존 스튜어트 밀이 제안했던 바와 같이, 고립적으로 취급된 '더 나은 분배'라는 환상적 해결책을 통해 그것을 경감하려 노력한다 해도 여전히 악몽으로 남는다. 생산과정 자체를 근본적으로 재구조화하지 않고서는 '더 나은 분배' 같은 것은 있을 수 없다. 자본의 지배에 대한 사회주의 헤게모니적 대안은 생산, 분배, 소비의 핵심적인 상호관계에서 불완전한 변증법을 기본적으로 극복하는 것을 필요로 한다. 왜냐하면 그렇지 않고서는 노동을 '삶의 제1의 욕구'로 전환시킨다는 사회주의 목표는 상상할 수 없기 때문이다. 마르크스를 인용해보겠다.

> 공산주의 사회의 더 높은 단계에서, 즉 개인이 분업에 복종하는 예속적 상태가 사라지고, 이와 함께 정신노동과 육체노동의 대립도 사라진 후에, 노동이 삶을 위한 수단일 뿐만 아니라 삶의 제1의 욕구로 된 후에, 개인의 전면적 발달과 더불어 생산력도 성장하고, 협동적 부(富)의 모든 샘이 흘러넘치고 난 후에 — 그때 비로소, 부르주아적 권리의 편협한 한계가 완전히 극복되고, 사회는 자신의 깃발에 다음과 같이 쓸 수 있게 된다. 각자는 능력에 따라, 각자에게는 필요에 따라![16]

이것들은 사회주의 변혁의 전반적 목표이고, 여정의 나침반과 동시에 그 도정에서 완수된(또는 완수에 실패한) 성취의 척도를 제공한다. 자본의 사회 재생산 질서에 대한 헤게모니적 대안의 그러한 비전 안에서는 '정상상태' 같은 것이나, 그와 연관되거나 그로부터 파생된 거짓 양자택일이 들어설 여지가 있을 수 없다. '협동적 부'의 생산을 지향하는 새로운 사회신진대사 통제의 틀 내에서 자신들의 가처분시간의 모든 자원을 의식적으로 실행하는 "'전면적으로 발달한 개인"은 질적으로 상이한 회계의 기초를 제공할 것이다. 즉 인간적 필요에 의해 규정되고, 물신숭배적 수량화와 그에 뒤따르는 피할 수 없는 낭비에 정면 대립하는, 필수적인 사회주의 회계.

이것이 일종의 지속 가능한 성장이 갖는 결정적 중요성을 대안적 사회신진대사의 틀 안에서 인식하고 성공적으로 관리할 수 있는 이유이다. 즉 역사적 주체의 통제 역할을 강탈한 자본의 노동에 대한 절대적인 지배를 유지하는 데 항상 핵심적이면서 구조적으로 예정된 생산수단 수탈을 통해 자본에게 확보된, 정신노동과 육체노동의 대립이 영원히 사라져야 하는 사회신진대사 통제의 질서 내에서 그러하다. 따라서 의식적으로 추구된 생산성 자체는 통제 불가능한 낭비의 어떤 위험도 없이 질적으로 더 높은 수준으로 고양될 수 있고, 자율적인 (그리고 바로 정확히 그런 의미에서 부유한) 역사적 주체들인 "부유한 사회적 개인"(마르크스)이 전면적으로 통제하는 진정한, 그리고 편협하게 이윤 지향의 물질적인 것이 아닌 부를 산출할 수 있다. 이와 달리 '정상상태'에서는 개인은 진정한 역사적 주체가 될 수 없을 것이다. 왜냐하면 개인은 어찌할 수 없는 희소성에 직접 지배되어 가장 나쁜 종류의 물질적 규정들에 좌우될 것이므로 그 자신의 생활을 통제할 수 없을 것이

16 Marx, *Critique of the Gotha Programme*, in Marx and Engels, *Selected Works*, vol.2(Moscow, Foreign Languages Publishing House, 1958).

기 때문이다.

자본 시스템에서 점차 증가하는, 그리고 따져보면 결국 파국에 이르게 될, 낭비는 생산된 재화와 용역이 수익성 있는 자본 확장을 위해 **활용되는** 매우 무책임한 방식과 분리할 수 없다. 왜곡된 것이지만, 불합리하게도 그리고 (이미 언급한) 장차 총체적으로 유지 불가능할 평형 상태에서, 이용도利用度가 낮을수록 수익성 있는 대체 범위가 더 커지고, 그리하여 자본의 관점에서는 **소비**와 **파괴** 사이에 의미 있는 구분을 지을 수 없다. 왜냐하면 총체적으로 낭비적인 파괴도, 자기 확장적인 자본이 생산의 새로운 수익성 있는 순환을 위해 필요로 하는 수요를, 사용을 의미하는 진정한 소비가 할 수 있을 만큼, 적절하게 충족시키기 때문이다. 그러나 자본의 역사적 발달 도정道程에서 범죄적으로 무책임한 자본의 살림살이에 대해 비싼 대가를 치러야 할 때 진실의 순간이 찾아온다. 실제로 재화와 용역은 인간의 질적인 필요와 사용과 관련하여 이용도를 개선하고 책임 있는 이용을 높이는 것을 염두에 두고 의식적으로 생산되는데, 이 진실의 순간은 이런 생산된 재화와 용역의 이용도를 점차 개선하고 이용의 책임성도 뚜렷이 높이라는 지상명령이 절대적 관건이 되는 지점이다. 왜냐하면 유일하게 실행 가능한 경제, 즉 유의미하게 절약하여 가까운 미래나 더 먼 미래에 지속 가능한 경제는 생산된 재화와 서비스의 **최적**最適 이용을 지향하는, 일종의 합리적으로 관리되는 경제일 뿐이기 때문이다. 일종의 지속 가능한 성장은 진정한 인간적 필요를 지향하는 합리적인 살림살이의 이런 매개변수들 외부에는 있을 수 없다.

이 측면에서 자본의 지배하에서 교정할 수 없을 정도로 잘못된 것의 결정적으로 중요한 예를 들자면, 우리 사회에서 계속 늘어나는 자동차가 이용되는 방식을 떠올려 볼 일이다. 자동차 생산과 연료 주입에 낭비되는 자원은 '선진 자본주의'에서 아주 막대하여, 특정 가계家計들에서는 모기지(주택담보대출) 계약 다음으로 두 번째로 높은 비용을 지출한다. 그러나 불합리하게도 자동차의 이용도는 1% 미만에 지나지 않는데, 그 구입자에게 부여된 배타적 소유권에 의해 그럴듯하게 정당화된다. 동시에 준準독점 기업들의 거대한 기득권은 실현 가능성이 분명한 참된 대안을 부정할 뿐 아니라 적극 거부한다. 왜냐하면 개인이 필요로 하는 (그리고 그들에게 무거운 재정 부담이 부과되었음에도 획득할 수 없는) 것은 적절한 **교통** 서비스이지, 경제적으로 낭비적이고 환경에 매우 해악을 끼치는 사적으로 소유된 상품이 아니기 때문이다. 그것은 또한 그들이 불건강한 **교통체증**에 그들 생활의 막대한 시간을 잃게 만들기도 한다. **참된 대안**은 질적으로 최상 수준의 대**중교통**을 개발하는 것이라는 점은 분명하다. 이것은 합리적으로 추구된 기획 범위 내에서 필요한 경제·환경·건강 기준을 잘 충족시키고, 아울러 (집단적으로 소유되고 적절하게 할당되는, 그리고 배타적이고 낭비적으로 소유되지 않는) 자동차의 사용을 특수 기능들로 제한할 것이다. 그리하여 수익성은 있으나 궁극적으로는 파괴적인 자본 확장에 대한 기존 시스템의 물신숭배적 필요에 완전히 지배되는 개인이 아니라, 개인의 필요 ─ 이 경우, 적절한 교통 서비스에 대한 그들의 진정한 필요 ─ 에 따라 최적 이용 원리에 맞게 생산되고 유지될 (도로, 철도 네트워크, 그리고 교통안내 시스템 같은) 운송수단과 통신시설의 목표가 결정될 것이다.

우리는 불가피한, 그러나 현재까지 의도적으로 회피된 **참된 경제** 문제를 아주 가까운 장래에 직면하지 않을 수 없다. 왜냐하면 이른바 제3세계 나라들이 자본의 사회신진대사 재생산 양식의 지배하에서 (그들의 불안정한 현재의 조건을 실제로 운명지운) 과거의 낭비적인 '발전' 유형을 추종하는 것은 상상할 수 없기 때문이다. 매우 장려되었던 '근대화 이론들'과 그에 상응하는 제도적 전형들의 요란스런 실패는 그런 접근방식이 무망함을 명확하게 보여준다.

5·7

적어도 한 측면에서, 주요 자본주의 나라들이 자신들의 특권을 주장하고 동시에 그 특권을 반드시 보존할 것을 계속 요구하는 데서 제기된 경고 신호를 우리는 최근에 목격하고 있다. 그것은 에너지 자원 요구의 국제적 증가와 그리고 그 전개 과정에서 몇몇 잠재적으로 거대한 경제 강대국들, 무엇보다도 중국의 경쟁적 개입과 관련되었다. 오늘날 그러한 관심은 일차적으로 중국에 관한 것이지만, 물론 때가 되면 핵심적 에너지 자원들을 불가피하게 요구하는 주요 나라 명단에 인도도 추가되어어야 한다. 중국에 인도 아亞대륙[지질학적·지형학적인 대륙의 대분류이다: 역주]을 더하면 인구가 25억이 넘는다. 물론, 만일 그들이 '자본주의적 도약과 성숙'이라는 단세포적인 주장과 함께 한때 기괴하게 선전된 ➤『경제성장의 제 단계』[17]라는 처방을 실제로 따른다면, 이는 우리 모두에게 재앙적인 결과를 가져올 것이다. 왜냐하면 1,000명 당 자동차 700대 이상을 가진 '선진 자본주의 발달' 미국 모델에 입각한 25억 인구가 전면적으로 자동차를 사용하는 사회는, 곧바로 지구의 석유 보유량의 총체적 고갈은 말할 것도 없고 유독한 오염의 전 지

---

17 Walt Rostow, *The Stages of Economic Growth: A Non-Communist Manifesto* (London: Cambridge University Press, 1960)를 보라. 로스토는 케네디 대통령 '고문단'의 저명한 성원이었다.

▶ 『**경제성장의 제 단계**諸段階』　로스토 W. Rostow는 이 책에서 각국 경제의 발전을 5단계로 설정했다. ① 전통적 사회 단계, ② 도약 준비 단계, ③ 도약 단계, ④ 성숙 단계, ⑤ 고도대중 소비 단계가 그것이다.

구적 '근대화' 혜택으로 머지않아 우리 모두 죽는다는 것을 뜻하기 때문이다. 그러나 마찬가지로 반대의 의미에서, 문제의 나라들이 오늘날 서 있는 자리에 무한히 그대로 있을 수 있다고 진지하게 생각할 사람도 없다. 중국과 인도 아대륙의 25억 인구가 (세계의 선진 자본주의 나라들에게 이런저런 방식으로 여전히 심각하게 종속되어 있는) 그들의 현재의 곤경에 영원히 처할 운명일 수 있다고 상상하는 것은 있을 수 없다. 유일한 문제는, 인류가 해당 인민의 사회적·경제적 발전의 정당한 요구에 대한 합리적으로 실행 가능하고 진실로 공평한 해법을 찾을 수 있을 것인가, 아니면 자본의 사회재생산 통제양식의 지향 틀과 작동 원리에 걸맞게, 자원을 둘러싼 적대적 경쟁과 파괴적 투쟁이 미래의 길일 것인가 하는 것이다.

　경제적·사회적 삶의 질적으로 상이한 조직방식을 채택하라는 절대적 명령이 우리 시대에 지평 위에 떠오르게 되는 또 다른 측면은 **생태**와 관련된다. 그러나 다시, 우리의 전 지구적 생태의 점차 심각해지는 문제들을 다루는 유일하게 실행 가능한 방식은 — 지구 온난화 같은 치명적 문제에 대한 직접적 영향으로부터 깨끗한 물 자원과 맑은 공기에 대한 기초 요구에 이르기까지, 지구 가족의 악화되는 문제들과 모순들을 책임 있게 직시하기를 원한다면 — 물신숭배적 수량화라는 현존 질서의 낭비적인 살림살이로부터 진정하게 질을 지향하는 것으로 전환하는 것이다. 이 지점에서 생태는 생산된 재화와 용역 이용의 필수적인 **질적 재정의**再定義의 (중요하지만) 부차적 측면이다. 이용의 이런 질적 재정의 없이는, 다시 완전 필수 사항이 된 인류의 영원히 지속 가능한 생태를 주장하는 것은 종교적인 희망일 뿐이다.

이 맥락에서 강조해야 할 마지막 요점은, 상호 간 극복할 수 없는 경쟁 속에 있는 주요 제국주의 국가 구성체들이 지탱하고 있는 자본의 기득권이 계속 유지됨에 따라, 이들 문제를 직시할 긴급성은 축소될 수 없는 것은 물론이고 과소평가될 수도 없다는 점이다. 역설적으로, '세계화'에 관한 그렇게나 많은 선전 담론이 있지만, 합리적으로 지속 가능하고 전 지구적으로 조정되는 사회적 교류 재생산 질서를 작동하게 만들기 위한 객관적 필요조건은 끊임없이 훼손되고 있다. 그러나 역사 발전의 현 단계에서, 이 절節에서 논의된 모든 주요 쟁점들과 관련해서 전 지구적 해법을 필요로 하는 점차 악화되는 전 지구적 도전과 우리가 실제로 연루되어 있다는 억누를 수 없는 진실은 여전히 존재한다. 그러나 우리의 최대 관심사는 자본의 사회신진대사 재생산양식이, 본질적으로 적대적인 구조적 규정들과 그것들의 파괴적인 표출 때문에, 실행 가능한 전 지구적 해법의 여지를 전혀 갖고 있지 않다는 점이다. 만약 자본이 **구조적 지배** 형태로 지배할 수 없다면, 자본은 그 불변의 본성상 아무것도 아니다. 그러나 구조적 지배의 분리할 수 없는 또 다른 차원은 **구조적 예속**이다. 이것이 자본의 사회신진대사 재생산양식이 (매우 파괴적인 전쟁까지도 동반하면서) 항상 기능했고 또한 기능하려고 할 수밖에 없는 방식이다. 우리 시대에는 그러한 파괴적인 전쟁의 단순한 전조前兆를 훨씬 넘어서는 것이 보이고 있다. 전 지구적 패권국인 미국이 예전에는 상상할 수 없었던 파괴적 힘을 통해 전 지구적 패권 제국주의의 파괴적 명령을 폭력적으로 관철시키려는 것은 우리의 악화되는 문제에 대한 전 지구적 해법을 가져올 수 없고 전 지구적 재앙만을 가져올 수 있다. 그리하여 역사적으로 지속 가능한 방식으로 이 같은 전 지구적 문제를 다룰 불가피한 필요성 때문에 자본의 사회신진대사 통제양식에 대한 유일하게 실행 가능한 헤게모니적 대안인 21세기 사회주의라는 도전이 상정되는 것이다.

6. 민족적인 것과 국제적인 것: 우리 시대의 그 변증법적 상호보완성

6.1

사회주의 발전에 대한 최대 난관 가운데 하나는 민족 문제를 지속적으로 간과해왔고, 또한 여전히 간과하고 있다는 것이다. 이처럼 간과하는 이유는 두 가지 요인, 즉 일부 우연적이면서도 광범위한 역사적 규정들과 과거의 복잡한 이론적 유산에서 모두 유래한다. 더구나 관련된 쟁점의 성격상 이 둘은 서로 밀접히 얽혀 있다.

실천적이고 역사적인 규정들에 관해서는, 우리는 무엇보다도 근대 민족의 형성이 부르주아지의 계급적 주도로 성취되었다는 것을 기억해야 한다. 이 발전은 다수 자본의 자기확장 충동에 내재하는 사회경제적 명령에 조응하여 일어났다. 다수 자본의 자기확장 충동은 원래는 매우 제한된 지역적 배경에서 시작했지만, 상호 간 갈등이 점차 심화되는 가운데 점차 더 넓은 영토에 대한 통제로 나아갔고, 20세기의 두 차례 파괴적인 세계대전과 우리 시대의 잠재적인 인류 절멸에서 그 절정에 이르고 있다.

자본의 자기확장 명령 아래 구성된 국가 간 관계체계는 교정할 수 없을 만큼 사악할 수 있을 뿐이다. 그것은 제국주의적 태세를 갖춘 한 줌의 민족들의 매우 특권적인 지위를 여타 민족들에게 강요하고 또한 끊임없이 강화해야 했다. 그리고 이와 정반대로, 그것은 동시에 매우 폭력적인 방법을 포함해 동원 가능한 모든 수단을 발휘하여 다른 모든 민족에게 구조적으로 종속적인 상태를 강요했다. 이런 국제질서 표현방식은 약소민족들을 압도했을 뿐만 아니라, 대영제국하 인도의 예처럼 심지어 해당국이 그들의 외국 압제자보다 견줄 수 없을 만큼 인구가 많다 하더라도 그러했다. 식민지화된 민족에 관해서는, 주요 제국주의 열강은 그 토착 지배계급 내 제국주의 열강에 빌붙은 공범共犯들의 도움을 받아 식민지 민족에게 무자비하게 경제적·정치적 종속 상황을 강요했다. 그러므로 특정적으로, '탈식민지적' 변화는 모든 실질적 관계에서 (형식적으로는 다소 수정된 방식일지라도) 옛 지배양식을 재생산하는 데 어떤 어려움도 없었으며, 이 때문에 오래전에 수립된 구조적 지배와 종속의 시스템을 지금까지 줄곧 영속시키고 있다.

대단한 기적의 힘만이 구조적 지배와 예속의 자본주의적 국가 간 관계들을 그들이 실제로 역사 발전 과정에서 나타났던 바와는 상당히 다르게 바꿔낼 수 있었을 것이다. 왜냐하면 경제적·사회적 재생산 과정을 통제하는 힘으로서 자본은 심지어 매우 특권적인 제국주의 나라에서조차 그 심층적 규정에서 엄격하게 위계적이고 권위주의적이지 않을 수 없기 때문이다. 그러므로 [그 자본주의적 변종에서 '작업장 권위주의와 시장 독재'(마르크스)를 그 특징으로 하는] 사회·정치 시스템이 어찌 국제적 수준에서 공평할 수 있었겠는가? 자신의 노동력을 대내적으로 지배하려는 자본의 절대적 필요 때문에, 국수주의적 신비화를 꾀하려고 제국주의 지배로부터 얻은 착취 이익의 초과분을 가지고 그 토착[제국주의 모국: 역주] 노동 인구에게 일부 제한된 특권을 부여할 수도 있다. 그러나 이런 관행은 (자본이 모든 실질적 문제들에 대한 의사결정권을 완벽하게 유지하고 있고, 또한 항상 유지해야 하는) 특권적 제국주의 나라의 자본/노동 관계에 티끌만큼의 평등도 가져오지 않는다. 그러므로 이런 내적 구조적 규정들을 변경할 수 없음에도 그 시스템의 외부적 관계, 즉 국가 간 관계가 전적으로 사악한 것이 아닐 수 있다고 말하는 것은 매우 부조리하다. 왜냐하면 그처럼 말하는 것은, 그 본성상 매우 사악한 것[자본 시스템: 역주]이 (필시 강요된) 외국 지배의 한층 더 악화된 조건하에서 진정한 평등을 만들어낼 수 있는 것처럼 꾸며대는 것이기 때문이다.

그러므로 당연하게도, 이런 시스템에 대한 사회주의적 응답은 매우 근본적인 부정의 언어로 분명하게 표현되어야 했고, 진정으로 협동적인 국제질서의 틀 안에서 현존하는 적대를 폐기한 가운데, 크고 작은 매우 다양한 나라들 사이에 질적으로 다른 관계를 수립할 필요성을 강조했다. 그러나 사회주의적 사회변혁을 기획한 최초의 성공한 혁명이 전제 군주제 러시아에서 발발했다는 비극적 사정으로 인해 20세기에 들어와 문제가 매우 복잡해졌다. 왜냐하면 러시아는 그 당시 압제적인 다민족 제국이었기 때문이다. 이 사실은 레닌Lenin이 "제국주의의 가장 약한 고리"로, 그리고 혁명의 잠재적인 발발에 대한 긍정적인 자산 같은 것으로 특징지은 데에 주요하게 기여했다. 레닌의 이런 판단은 완전히 옳았음이 입증되었다. 그러나 그 동전의 이면은 심각한 사회·경제적 후진성뿐만 아니라 압제적인 다민족 제국의 끔찍한 유산 역시 훗날 엄청난 문제들을 나타냈다는 것이었다.

스탈린Stalin이 권력을 강화한 후 수십 년 동안 '일국 사회주의'를 놓고 격렬한 논쟁이 일어났다. 그러나 그 논쟁에서 대부분 빼놓았던 단순하지만 핵심적인 고려사항은 소련이 전혀 일국一國이 아니었으며 오히려 다수 민족들이 전제군주제적 제국에서 물려받은 심각한 차별과 내적 적대로 인해 분열되어 있었다는 점이다.

레닌의 사후死後에 잠재적으로 폭발적인 민족적 차별의 모순을 적절하게 다루는 데 실패한 것은 훗날 대단히 파괴적인 결과를 가져왔고, 결국 소련의 붕괴로 귀결되었다. 이 문제에 대한 접근방식에서 레닌과 스탈린의 차이는 두 사람 사이의 차이 중 가장 컸다. 레닌이 다양한 소수 민족의 '연방 탈퇴까지' 포함한 완전한 자치권을 항상 지지했던 반면에, 스탈린은 소수 민족을 (어떤 수를 써서라도 통제되어야 할) 러시아의 이해관계에 매우 엄격하게 예속된 '변방'에 지나지 않는다고 폄하했다. 레닌이 스탈린을 단호한 어조로 비난했던 이유가 바로 이것이다. 그는 만약 스탈린이 주장한 견해가 득세하게 되면, 나중에 실제로 득세하게 되었듯이, "우리가 자신을 정당화했던 '연방 탈퇴의 자유'는 그저 종잇조각이 되어버려 그 진짜 러시아인, 즉 대러시아 국수주의자[스탈린: 역주]의 습격으로부터 비非러시아인을 방어할 수 없게 될 것"[1]이라고 주장했다. 그는 그 정책이 초래할 심각한 악영향을 강조했으며, 명확하게 그 범인들을 거명했다. "이런 모든 엄밀히 대러시아 민족주의적인 캠페인에 대한 정치적 책임은 응당 스탈린과 드레진스키Dzerzhinsky가 져야 한다."[2]

1924년 1월 오랜 투병 끝에 레닌이 사망한 후, 민족 문제에 관한 그의 충고는 파기되었고, 다른 민족들을 종속적인 '변방'으로 취급했던 스탈린의 '대러시아' 정책이 전면 실행되었다. 이는 그 후 소련 사회의 특징이었던 봉쇄된 발전에 크게 기여했다. 내가 소련이 해체되기 훨씬 전에 강조하려고 애썼듯이,[3] 심지어 고르바초프와 그의 추종자들의 접근방식도, 레닌 이후

---

1 Lenin, *Collected Works*, vol.36(London: Lawrence and Wishaet, 1960), p.606.

2 같은 책, p.610.

3 이들 문제에 대한 "The dramatic reappearance of the national question(민족 문제의 극적인 재출현)"에 실린 메자로스의 논의를 참조하라. 베네수엘라 계간지 《태풍의 눈El ojo del huracan》 게재를 위해 1989년 12월과 1990년 1월 사이에 "Socialismo hoy día(오늘날의 사회주의)"라는 제목으로 작성되었고, 1990년 2·

의 다른 이론 작업과 실천이 그러했듯이, 똑같이 극단적인 비현실감을 그 특징으로 했다. 그들은 머지않아 (전혀 통합되지 않은) 소련의 붕괴로 귀착될 폭풍우가 몰려드는 명확한 신호에도 불구하고, 순진하게 또는 제멋대로 '통합된 소련 민족'의 폭발적인 내부 문제들을 무시하고 '소련 민족'과 그것의 이른바 '통합된 자기인식'이라는 허구를 붙들고 있었다. 동시에 그들은 발트 제국[발트 해 연안에 있는 에스토니아, 라트비아, 리투아니아: 역주], 벨라루스 그리고 우크라이나를 포함한 다양한 민족공동체들을 '종족 집단'의 지위로 격하한 것을 정당화하려고 애썼다.

스탈린 통치하에서는 심지어 모든 소수 민족의 강제 이주까지도 서슴지 않은 권위주의적 억압 조치를 통해 그러한 터무니없는 비현실을 받아들이는 것이 강요될 수 있었다. 그러나 일단 그 길이 포기될 수밖에 없게 되었을 때, 어떤 것도 압제적인 전제군주제적 다민족 제국의 끔찍한 유산과 그에 따른 적대들이 표출되지 않은 채 보전되게 할 수 없었다. 그러므로 그것은 단지 '일국—國'과는 한참 거리가 먼 탈脫혁명적인 소련 국가가 여러 가지 모순의 견딜 수 없는 중압하에서 언제, 어떤 형태로 해체될 수밖에 없는가의 문제였을 뿐이다.

6.2

민족 문제에 대한 지속적인 무시는 확실히 그 딜레마를 직시하는 데 실

3·4월호에 게재된 글의 일부이다. *Beyond Capital*(『자본을 넘어서』)의 제4부로 재출간되었다.

> ► **고타 강령**Gotha Program   1875년 독일 사회주의 노동운동의 두 조직인 전독
> 일노동동맹(라살La Salle파)과 독일사회민주노동당(아이제나흐Eisenach파)이 정
> 부의 탄압에 대처하기 위해 고타에서 합동대회를 열어 독일사회주의노동당을
> 결성하면서 채택한 강령이다. 주로 라살파의 주장이 받아들여진 이 강령은 1891
> 년의 에르푸르트 강령이 성립될 때까지 당의 지침이 되었는데, 이는 라살파의 국
> 가사회주의와 아이제나흐파의 마르크스주의를 타협적으로 절충시킨 것이었다.
> 마르크스는 이런 원칙에서의 절충을 통렬히 비판하여 『고타 강령 비판Kritik des
> Gothaer Programms』을 썼다.

패한 소련의 부침으로 한정되지 않았다. 서유럽 사회주의운동에서 민족 문
제와 (이와 밀접히 관련된) 국제주의 문제에서 막다른 골목으로 나아가는 경
향은 러시아 혁명 훨씬 전에 나타났다. 실제로 엥겔스Engels는 러시아 혁명
42년 전에 독일에서 ►고타 강령에 대한 논쟁이 벌어졌을 때, 고타 강령에
서 "노동자운동이 **국제적인 운동**이라는 원칙은 사실상 완전히 부인되었다"[4]
고 비통하게 한탄했다. 일관되고 현실에서 완벽히 지속 가능한 국제적인
입장을 채택하지 않고서는 사회주의 관점에서 자본의 현존 질서를 근본적
으로 부정할 필요성은 생각할 수조차 없었다. 그러나 고타 강령의 승인에
참여한 정치세력들의 통일을 확보할 목적에서 나온 기회주의적 책략은 훗
날 아주 비싼 대가를 치를 수밖에 없는 심각한 민족주의적 양보를 수반했
다. 1차 세계대전이 발발할 즈음, 독일사회민주당이 공격적인 부르주아 국
수주의 세력에 완전히 투항한 것은 독일 정치발전에서 위태로운 전환의 논

....

4   Engels, *Letter to August Bebel*(『아우구스트 베벨에게 보낸 서한』), Mar. 18~28,
     1875.

리적 정점이었을 뿐이고, 그리하여 제2인터내셔널의 운명도 확정지었다.

네 차례의 인터내셔널은 자본의 노동에 대한 위계적인 구조적 지배를 이겨낼 국제연대의 힘을 만들어낼 것이라는 기대와 함께 창설되었는데, 여기서는 이들 인터내셔널 가운데 어떤 인터내셔널도 그들에게 부여된 희망을 완수하지 못했음을 기억하는 것이 중요하다. 제1인터내셔널은, 방금 살펴본 바대로 엥겔스에 의해 날카롭게 비판되었듯이, 1870년대 말에 이르러 국제적인 운동으로서의 노동자운동이 탈선한 결과로 이미 마르크스가 생존할 때 좌초했다. 제2인터내셔널은 그 내부에 이 모순의 씨앗들을 안고 있었고, 그 씨앗들을 거침없이 자라는 식물로 전환시켰다. 그리고 1차 세계대전이 제공한 역사적인 기회를 맞아 인터내셔널 회원들이 경합하는 교전交戰 당사국들의 편에 섬으로써 치명적으로 전체 조직의 신뢰를 떨어뜨렸다. 이처럼 처참하게 신뢰를 잃은 '노동자 인터내셔널'을 구성하는 각국 회원들은 전쟁 동안 계속 자국의 부르주아지 편에 섰고, 그리하여 사회주의적 국제주의의 핵심 필요조건들과 관련된 모든 것을 중단했다. 이 제2인터내셔널은 나중에[1920년: 역주] 사회경제적 조정기관이자 계급투쟁을 부인하는 기관으로서 재건되었다. ▶로자 룩셈부르크는 이런 발전의 의미를 "계급투쟁의 존재를 반박함으로써 사회민주당은 바로 그 자신의 존재 기반을 부인했다"[5]고 명료하게 요약, 비판했다. 그러므로 전 세계의 사회민주주의 정당들이 드러내 놓고 기존 질서를 수호하는 입장을 채택하는 것은 단지 시간문제였을 뿐이다.

제2인터내셔널의 수치스러운 실패를 배경으로, 제3인터내셔널이 10월

---

5   Rosa Luxemburg, *Junius pamphlet*(Colombo: Young Socialist, 1967), p.54.

혁명 후에 창립되었다. 그러나 제3인터내셔널 자체의 정당들과의 관계를 포함해 국제 문제를 소련의 국가이익에 엄격하게 예속된 것으로 다루었던 스탈린의 권위주의적인 정책이 차츰 부과됨에 따라 이 조직도 진정한 사회주의적 국제주의를 발전시키는 역할을 완수하는 데 실패했다. 공산주의 인터내셔널(코민테른Comintern)을 해산하고 코민포름Cominform ── 즉 국제정보 기관 ── 으로 변형한 것은 아무것도 해결하지 못했다. 코민포름마저도 일방통행이었기 때문이다. 그렇게 된 까닭은 스탈린 생전에는 소련 체제에 대한 어떤 비판도 절대적 금기로 남아 있었기 때문이다. 심지어 그가 사망한 후, 흐루쇼프Khrushchev가 스탈린의 '개인숭배'와 그 부정적인 결과들에 대해 가혹하게 비판할 때조차도 (소련형型 사회의 모순과 위기 징후가 점차 심화되는데도) 사회신진대사 재생산양식으로서의 소련형 사회의 근본 문제들을 다루지 못했다.

고르바초프의 글라스노스트Glasnost(개방)와 페레스트로이카Perestroika(개혁)하에서 위기의 심각성 자체가 인정될 때까지 상정된 교정 노력은 자본주의로 복귀하는 길로 들어서는 것과 분리할 수 없는 방식으로 생각되었다. 제4인터내셔널은 그 창립자의 바람에도 불구하고, 결코 **대중적 영향력**

을 가진 국제조직의 위상을 갖추지 못했다. 그러나 만약 상상된 전략적 비전이 마르크스의 용어로 '대중을 장악할' 수 없다면, 요구되는 사회주의적 국제주의를 발전시키는 임무는 성취될 수 없다.

민족 문제는 필연적으로 소수의 압제자 국가들과 압도적 다수의 제국주의로부터 억압받는 민족들 사이의 양극화 형태를 취한다. 이는 제국주의 나라들의 노동자계급도 깊이 연루되어 있고 책임이 있는 매우 사악한 관계이다. 그리고 이 관계는 직접적인 군사적 지배에 한정되지 않았다. 군사적 지배가 몇몇 주요 군사행동 또는 ▶포함 외교 활동을 통해 관철될 때마다 그 목적은 정복된 나라들에서 가능한 한 최대의 노동착취를 계속 확보하는 것이었고, 그리하여 자본 특유의 사회신진대사 통제양식을 궁극적으로는 전 세계에 강요하는 것이었다. 이것이 바로 제2차 세계대전 후의 '탈식민지화' 과정에서, 예전 제국들이 자본 시스템에 적합한 기존의 구조적 지배·예속 관계의 실질적 내용을 변화시키지 않고서 직접적인 군사·정치적 통제를 포기하는 것이 충분히 가능했던 이유이다.

이 측면에서는 미국이 선구자였다. 미국은 예컨대 필리핀 같은 몇몇 나라에서 직접적인 식민지 유형의 군사적 지배를 해당 주민들에 대한·사회경제적 지배와 결합해서 행사했다. 동시에 미국은 라틴아메리카 전체에 대한 광대한 지배를 꼭 군사적으로 개입하지 않고서도 이 대륙 나라들에게 구조적 종속을 강요하는 형태로 확보했다. 그러나 물론 미국은 자신이 선포한 '뒷마당'에서 그의 착취적 지배의 유지가 문제시될 때마다 공개적이건 은밀하건 서슴없이 군사 개입에 호소했다. 미국이 선호하는 규칙을 부과하는 방식 가운데 하나는 '토착' 군대가 선출된 정부를 전복하고 '우호적인' 독재 정권을 수립하는 것이다. 그리고 이런 방식은 브라질의 군부독재에서 피노체트Pinochet의 칠레에 이르기까지 수많은 경우에 매우 냉소적이고 위선적

> **▶ 포함砲艦 외교**　제국주의 나라들이 비자본주의 나라들 또는 제3세계에 함대
> 를 파견해 무력시위를 벌여 자신의 요구를 관철시키는 것, 즉 함대를 외교수단으
> 로 사용하는 것을 말한다. 예컨대, 1866년 프랑스 함대가 강화도를 침략한 병인
> 양요丙寅洋擾, 1871년 미 제국주의가 조선을 개항하기 위해 함대를 앞세워 침략
> 한 신미양요辛未洋擾 등이 그러하다.

으로 정당화되었다.

　그럼에도 2차 세계대전 이후에 자신의 착취적 이해관계를 관철시키는 미국의 주요 전략은 오랫동안 '민주주의와 자유'라는 기만적인 이데올로기와 융합된 경제적 지배의 행사를 통해서였다. 이는 규정적인 자본의 역사 발전 국면과 잘 들어맞았다. 이 국면에서는 전후 세계에서 신新식민지적 관행에 더 적합한 자본 확장의 잠재력을 실현하는 데 구舊제국의 정치·군사적 속박은 오히려 시대착오적이라는 것이 판명되었다. 이와 관련해 미국은 두 가지 면에서 거의 이상적인 위치에 있었다. 하나는 미국이 전 지구적 자본의 생산 확장 공세에서 가장 역동적이었고, 다른 하나는 영국이나 프랑스 제국과는 달리 직접적인 정치·군사적 식민지 지배가 필요 없다고 주장할 수 있는 나라였다. 그러므로 우리 시대에 이 '민주적인' 초강대국이 자본의 구조적 위기에 대한 대응으로, 세계의 나머지 나라들에게 자신을 전 지구적 패권 제국주의의 패권국으로 강요함으로써 그 위기를 해결하려는 헛된 시도로, 매우 소모적이고 잔인한 군사 개입과 점령 형태로 되돌아가야 했다는 사실은 매우 특별한 의미가 있고, 더욱이 인류 생존이 매우 위태로워졌음을 함의한다.

　대다수 노동 인민에게 이 신판新版 제국주의는 그 전임자보다 덜 사악한 지배 형태가 아니었고, 지금도 여전히 아니다. 따라서 압제자 민족의 계속

된 지배로부터 수많은 피압박 민족이 특히 라틴아메리카에서 근본적으로 해방되지 않고서는 진정한 국제주의를 실현하는 것은 상상할 수도 없는 일이다. 이것이 오늘날 정당한 방어적 민족주의의 의미이고, 그 시초부터 레닌이 강조했던 바이다. 국제주의가 성공하려면 국제주의의 **긍정적인** 차원이 반드시 이런 **방어적** 민족주의를 보완해야 한다.

6.3

국제연대는 자본의 구조적 적대자[노동자계급: 역주]에게만 하나의 긍정적 잠재력이다. 그것은 좌파들의 이론적 논의에서 부르주아 **국수주의**와 습관적으로 혼동되는 애국주의와 조화를 이룬다. 좌파들의 이런 혼란은 흔히 착취적인 구조적 종속의 고리를 끊어야 할 필요성을 부정하는 것에 대한 다소 의식적인 변명일 경우가 많다. '선진 자본주의' 노동자들도, 비록 그들의 계급 적대자들보다는 훨씬 더 제한된 정도일지라도, 이 착취적인 구조적 종속의 부인할 수 없는 수혜자들이다. 그러나 애국주의는 외세에 의해 또는 실제로는 자신의 지배계급의 투항 행위에 의해 **자신의 나라가** 위협당할 때, 정당한 민족적 이해관계를 배타적으로 편드는 것을 의미하지 않는다. 이에 대해서는 레닌과 룩셈부르크가 내부의 계급 착취자에게 대항한 내전으로 전환할 것을 주장한 것은 옳았다. 그것은 또한 피압박 인민의 진정한 애국주의와 **전면적으로 연대한다**는 것을 의미한다.

이런 애국주의의 실현 조건은 단순히 지배적인 국가 간 관계들을 변화시켜 기존의 정치적 또는 군사·정치적 종속을 강요하는 외세에 맞서 얼마쯤이라도 반격하는 것이 아니다. 왜냐하면 성공을 지속시킬 조건은 얼마가

걸리든 전 세계에 걸친 자본의 위계적인 구조적 지배에 대항한 지속적인 투쟁이기 때문이다. 또한 그렇지 않으면, 가끔 외세의 옛 정치·군사적 패권으로부터 성공적으로 벗어났지만 그다음의 사태 전개에서 옛 형태로든 아니면 새로운 형태로든 재건될 수도 있다. 그러므로 피압박자의 국제연대는 이런 핵심적인 전략적 지향원리를 충분히 인식하고 일관되게 실천적으로 준수할 것이 요구된다.

사회주의적 국제주의는 다른 민족들의 노동 인민의 열망에 대한 충분한 존중 없이는 상상할 수도 없다. 이런 존중만이 건설적인 협동적 교류의 객관적 가능성을 창출할 수 있다. 최초의 정식화 이래 마르크스주의 이론은 다른 민족들을 지배하는 민족은 자신의 자유도 빼앗긴다고 주장했다. 이는 레닌이 끊임없이 반복해서 말했던 금언金言이다. 왜 그런지를 알기는 어렵지 않다. 왜냐하면 국가 간 지배 형태는 모두 통제의 행사가 상대적으로 소수에 의해 전유되는 사회적 교류의 엄격히 규제된 틀을 전제하기 때문이다. 다른 ˃민족체 또는 이른바 주변부와 변경 지역들을 지배할 수 있는 방식으로 구성된 국민국가는 자국의 정치적으로 적극적인 시민들이 그 지배의 행사에 공모共謀하는 것을 전제하며, 따라서 해방을 열망하는 노동 대중을 미혹시키고 약화시킨다.

그러므로 오랫동안 지배해온 매우 사악한 국가 간 관계 시스템을 근본적으로 부정하는 것은 절대적으로 피할 수 없는 사회주의 이론의 필요조건이다. 이는 ˃방어적 민족주의의 개념적 기반을 제공한다. 그러나 자본의 사회질서에 맞설 절실하고 긍정적인 대안이 방어적인 것일 수는 없다. 왜냐하면 모든 방어적인 입장은 궁극적으로는 불안정함으로 인하여 어려움을 겪고, 심지어 최선의 방어도 적에게 이롭게 세력관계가 바뀔 경우 집중포화를 받고 괴멸될 수 있기 때문이다. 자본의 사악한 세계화에 맞서서 이런

> **➤ 민족체**nationality　민족을 구성하지는 못했으나 독자적 정체성을 가진 부분까지 포함한 민족보다 외연이 더 넓은 개념인 민족형성체를 말한다. 예컨대 민족국가를 구성하지 못한 쿠르드족이나 티베트 등이 이에 해당한다.

> **➤ 방어적 민족주의**　공격적 민족주의가 제국주의의 이데올로기로 역할을 하는 것과 달리, 방어적 민족주의는 제국주의의 식민지 침략 공세에 저항하는 민족주의를 말한다.

측면에서 필요한 것은 실행 가능한 긍정적인 대안의 명확한 표명이다. 즉 다양한 구성인자의 진정한 평등을 기반으로 제도화되고 관리되는, 형식적이 아니라 물질적·문화적으로 일체감을 가질 수 있게 실질적으로 규정된 국제적인 사회재생산 질서가 그것이다. 그러므로 **긍정적인 국제주의 전략**은 자본의 재생산적 '소우주들'(자본 시스템의 포괄적인 '대우주'를 구성하는 특정한 생산·분배 기업들)의 아주 사악한, 그리고 극복하기 어려울 정도로 대립적인 구조화 원리를 완전히 **협동적인 대안**으로 대체하는 것을 의미한다.

　초국적 자본의 파괴적 공세는 특정 국민정부만의 행동을 통해서는 국제적인 수준에서 긍정적인 극복은커녕 경감될 수조차 없다. 왜냐하면 적대적인 '소우주들'의 지속적인 존립과 그것이 (오늘날 자본의 집적·집중을 통해 발달하기 시작한 거대 초국적 기업과 같은) 점차 커지는 동일한 갈등적 유형의 구조하에 포섭되는 것은 필시 일시적으로 진정된 갈등을 조만간 재생산하기 때문이다. 그리하여 긍정적인 국제주의는 문화적·정치적 수준에서뿐 아니라 물질적 수준에서도 **비위계적 의사결정 형태**[6]를 분명히 하고 포괄적으로 조정하는 것을 지원함에 의해, 사회신진대사 통제양식으로서의 자본을 넘어서기 위한 전략으로 규정된다. 달리 말하자면, 사회의 재생산을 통제하는 핵심 기능이 '소우주들'의 성원에게 긍정적으로 **양도될** 수 있고, 동시에 그 성원들이 화해할 수 없는 적대에 의해 분열되어 있지 않기 때문에 그들의 활동이 매우 포괄적인 수준까지 아우르도록 적절히 조정될 수 있는, 그런 질적으로 상이한 의사결정 형태에 의해 긍정적인 국제주의는 규정된다.

6.4

그러한 적대는 심지어 ▸시몬 볼리바르가 실행 가능한 대안을 창안하려고 영웅적인 노력을 벌였을 때조차 극복할 수 없다는 것이 입증되었다. 왜냐하면 성공하기 위해 필연적으로 요구되었던 것이 노예들의 법적 해방 같은 조치들을 훨씬 넘어선 사회의 전체 구조변혁이었기 때문이다. 그래서 볼리바르가 (아직 그 역사적 시간이 도래하지 않았던) 영구적인 해법을 마련하려고 노력할 때, 그는 라틴아메리카 나라들에서조차 완강한 적의에 맞닥뜨렸다. 그 당시 그는 이들 나라에 타의 추종을 불허할 정도로 기여했고, 그러한 공로를 인정받아 **해방자**라는 남다른 칭호로 존경을 받았었는데도 그러했다. 그 결과, 그는 생애의 마지막 나날을 비참하게 고립되어 보내야 했다.

그의 계몽된 **평등관**[7]의 전파로 위협을 느꼈던 미국에 있는 그의 적들에

---

6   참여에 관해서는 *The Challenge and Burden of Historical Time*, Chapter 2[이 책의 전체 버전 『역사적 시간의 도전과 책무』 제2장: 역주]를 참조하라.

7   볼리바르는 평등을 '법칙들의 법칙'이라 불렀고, "평등 없는 모든 자유, 모든 권

> ➤ **시몬 볼리바르**Simón Bolívar(1783~1830) 남아메리카의 독립운동지도자. 콜롬비아, 베네수엘라, 에콰도르를 해방시키고 이를 합한 대大콜롬비아공화국과 볼리비아공화국을 수립했다. 스페인계係 신생공화국의 유대를 목표로 파나마 회의를 개최했고, 이는 '범아메리카주의'의 기초가 되었다.

관해 말하면, 그들은 주저하지 않고 볼리바르를 '**남쪽의 위험한 미친 놈**'[8]이라고 비난하고 묵살했다. 그들은 대내적으로는 노예주들이 볼리바르의 노예해방에 의해 직접 도전받음에 따라 위협을 느꼈고, 대외적으로는 전 세계의 조화로운 국가 간 관계들에 대한 그의 주창 때문에 위협을 느꼈다.

주요 방해물은 볼리바르가 주창한 라틴아메리카 나라들의 정치적 통합과 그들 사회 소우주들의 적대적이고 갈등적인 구성인자들 간의 날카로운 대조對照였다. 그 결과, 정치적 통합에 대한 매우 고결하고 감명 깊은 호소조차도 식민주의 적수인 스페인의 위협이 심각할 때에만 작동할 수 있었다. 그러나 이런 위협만으로는 내부의 적대들을 치유할 수 없었다. 또한 상황은 새로운 위험에 대한 볼리바르의 선견지명이 있는 통찰에 의해서도 근본적으로 바뀔 수 없었다. 즉, 그는 "북아메리카의 미합중국이 신의 섭리로 자유의 이름으로 아메리카를 불행에 빠뜨릴 운명인 것 같다"고 통찰했다. 이 위험은 나중에 ➤호세 마르티가 같은 기조로 훨씬 더 단호하게 강조했

리는 소멸한다. 그것을 위해 우리는 희생을 치러야 한다La ley de las leyes: la Igualdad. Sin ella perecen todas las libertades. A ella debemos hacer los sacrificios."고 덧붙였다.

8 스페인어로 "El peligroso loco del Sur."

> ▶ **호세 마르티**José Martí 19세기 쿠바의 시인이자 정치가(1853~1895). 쿠바 독
> 립운동에 참여했고 뉴욕에서 《조국Patria》지를 간행, 쿠바 독립, 남아메리카 국
> 가들의 우호 증진에 노력했다. 그 후에 정치에도 참여, 정당의 당수가 되었고,
> 1895년 4월 M. 고메스 등과 무장독립군을 이끌고 쿠바에 상륙했으나 스페인군과
> 의 전투에서 전사했다. 문예평론·전기·설화집 등을 남겼으며, 특히 소박한 인
> 간 감정이 넘치면서도 근대적 감각을 풍기는 시로 근대주의의 선구자로 일컬어
> 진다.

다.[9] 두 사람 모두 인류의 심각한 문제들에 대한 이상적 해법을 편견 없이
주창했던 것만큼이나 그들의 새로운 위험에 대한 진단에서 현실적이었다.
"콘스탄틴 대제大帝가 비잔티움을 고대 서반구西半球의 수도로 삼기를 원했
던 것처럼",[10] 같은 방식으로 파나마 지협地峽을 지구의 수도로 삼아 인류의
모든 민족을 조화롭게 결합시킬 방안을 제안했을 때의 볼리바르, 그리고
"인류가 우리 조국이다"라고 주장했을 때의 마르티가 그러했다.

  이들 이상이 정식화되었을 때 역사적 시간은 아직 반대 방향을 가리켰
다. 즉 사회적 적대의 섬뜩한 심화와 그로부터 발생된 두 차례 세계대전의
끔찍한 유혈의 방향을 가리켰다. 말년에 볼리바르는 예전에 그가 상상한
아메리카의 날이 아직 도래하지 않았음을 비참하게 인정하지 않을 수 없었

---

9 호세 마르티가 1890년 10월 10일 뉴욕 하드만 홀에서 행한 '연설(Discurso)'과
   1884년 4월 17일자 《조국Patria》지의 "La Verdad sobre los Estados Unidos(미국
   에 관한 진실)"을 참조하라.

10 "Acaso sólo allí podrá fijarse algún día la capital de la tierra, como pretendió
   Constantino que fuese Bizancio la del antiguo hemisferio."

다. 오늘날 상황은 매우 다르다. 미국이 라틴아메리카 나라들에게 유사類似 식민지 지배를 행사했던 예로부터 전해 내려온 조건들은 이제 유지될 수 없다는 의미에서 볼리바르의 '아메리카의 날'은 도래했다. 이 측면에서, 소수의 제국주의 열강이 다수 나라들에 오랫동안 유지해온 민족적 지배가 돌이킬 수 없는 역사적 시대착오가 되었기 때문에, 라틴아메리카 나라들의 유효한 민족 주권이라는 이해관계는 도처에서 민족 분규들을 극복하려는 필연적인 공세와 완전히 부합한다.

변화된 역사적 조건은 전前 제국주의 열강列强, 무엇보다도 열강 가운데 최대로 강력한 미국이 역사의 수레바퀴를 되돌리고 세계를 재식민지화하려고 애쓴다고 해서 복원될 수 있는 것이 아니다. 그런 목적을 위한 그들의 계획은 이른바 ▶'테러와의 전쟁'이라는 구실로 그들이 최근에 취한 몇몇 대단히 파괴적인 군사모험 방식으로 이미 드러났다. 실제로 매우 침략적인 열강은 '새로운 세계질서'에서 참 우습게도 그들의 의로운 '국제 테러와의 전쟁'의 성공을 위한 핵심 조건으로 새로운 만병통치약, 즉 사실상 뻔뻔스런 재식민지화 모험을 시작함을 선언한다. 그러나 그들은 이 사업에서 실패할 수밖에 없다.

과거에, 정당한 민족 분규들을 바로잡으려던 수많은 시도들은 **국수주의 전략**을 추구함으로써 탈선되었다. 왜냐하면 쟁점이 된 문제들의 성격상 지배하는 나라들의 강요된 민족적 이해관계가 국가 간 관계에 요구되는 **전적으로 공평한 국제적 조건**을 훼손하면서 몇몇 여타 민족의 정당한 사회적 목표를 희생하여 영구히 관철될 수는 없기 때문이다. 그리하여 볼리바르 계획Bolivarian project은 단지 미국에 맞서는 것만이 아니라, 모든 나라의 조화로운 국제적 연합으로 상정된 매우 광범한 틀 내에서 라틴아메리카 나라들의 전략적 통합과 평등을 표방하는데, 이는 선견지명과 역사적 타당성을 지녔

► **테러와의 전쟁**　미 제국주의는 2001년 9월 11일 발생한 뉴욕의 무역센터 두 빌딩에 대한 테러 사건('9·11 테러')을 계기로 아프가니스탄을 침공했다. 미국은 테러의 배후로 오사마 빈 라덴Osama bin Laden과 테러조직 알 카에다Al-Queda를 지목하고 이들을 보호하는 아프가니스탄의 탈레반 정권을 상대로 '테러와의 전쟁'을 선언했다. 이후 미국과 유럽연합 제국주의는 이라크 등 제3세계에 대한 침략전쟁을 감행할 때 '테러와의 전쟁'을 그 명분으로 활용했다.

음이 십분 확실하다. 실제로, 그들 사이의 연대에 기초하여 사회적·정치적 통합을 실현함으로써 라틴아메리카 나라들은 인류 전체를 위하여 오늘날 선구적 역할을 떠맡을 수 있다. 그들 누구도 개별적으로는 북아메리카에 있는 그들의 강력한 적수[미국: 역주]에 반대한다 하더라도 성공할 수 없지만, 함께한다면 긍정적인 연방제적 해법을 창출하여 우리 모두에게 전진의 길을 보여줄 수 있다. 더욱이 그들은 **진정한 국제주의**로써 그것을 할 수 있는 입장에 있다. 그것은 그들이 수많은 유럽 제국주의나 유사 제국주의 전통의 과거로 인한 짐을 지고 있지 않기 때문이다.

　세계의 다른 부분들도 민족모순의 심각한 문제를 마찬가지로 겪고 있다. 이 점은 끊임없이 전쟁으로 피폐해진 중동, 전 유고슬라비아의 폭력적인 붕괴, 소련의 해체와 그 매우 걱정스러운 (체첸 같은 데서는 심지어 폭발적인) 여파, 중부 유럽의 드러나거나 잠재된 갈등들, 인도 아亞대륙에서 주기적으로 분출하는 심각한 내부의 적대, 캐나다의 여전히 해결되지 않은 민족 분규, 북아프리카와 중앙아프리카의 다양한 무장충돌 등을 떠올리는 것으로 충분하다. 민족적인 것과 국제적인 것의 변증법적 상호보완성을 우리 자신의 역사적 시간에 적절한 것으로 존중함으로써 만들어질 공평한 국가간 관계라는 지속적으로 무시된 쟁점을 정면으로 직시하지 않고서는 근원적 문제들의 영구적인 해법을 찾는 것은 생각할 수 없는 일이다.

소수의 다수에 대한 제국주의 지배에서 그 절정에 달한 자본의 사회신진대사 통제양식의 적대적인 구조적 규정하에서는 일관된 사회주의 접근방식만이 이 측면에서 성공할 수 있다. 그러나 동일한 동전의 뒷면도 검토되어야 한다. 즉 우리의 사회신진대사 재생산양식의 핵심적으로 필요한 사회주의 변혁은 실질적으로 공평한 국제주의 틀 내에서 오랫동안 무시당한 피지배 나라들의 정당한 민족 분규에 대해 진실로 실행 가능한 해법을 만들어내지 않고서는 전혀 가능하지 못하다는 것이다. 왜냐하면 (사회적 교류의 민족적·국제적 차원을 도처에서 그들의 긍정적인 공통분모로 전환시킬 수 있는) 전략을 역사적으로 적절하게 추구할 때에만 우리 사회질서의 심각한 구조적 위기를 해결할 수 있기 때문이다.

6.5

자본주의가 착취와 억압을 발명하지 않았음은 분명하다. 잔인하게 진압된 노예반란이 수천 년 전에 일어났고, 마찬가지로 잔인하게 진압된 주요 농민봉기는 자본의 재생산 질서가 전개되고 안정화되기 수백 년 전에 일어났다. 자본의 혁신은 자신의 다양한 변종의 사회경제적·정치적 착취를 보편적으로 받아들여질 수 있는 것으로, 그리고 영원한 것으로 만들어냈다. 민족적·인종적 차별과 억압도 마찬가지다. 그들은 또한 최근 300~400년보다 훨씬 역사적 뿌리가 더 깊다. 물론 지배와 예속의 가장 사악한 ― 제국주의적 ― 국가 간 관계는 '선진 자본'의 지배하에서만 지배적이었다.

따라서 민족적·인종적 차별 문제는 그들의 더 깊은 역사적 뿌리를 처리하지 않고는 온전히 극복될 수 없다. 착취와 억압의 해묵은 문제와 똑같이, 민족 분규는 훨씬 더 광범한 그림을 시사한다. 위계적 지배와 착취의 오랜 역사를 고려할 때, 그 자본주의적 변종을 공격하는 것이 우리 시대에 매우 분명한 도전이고 출발점을 구성하는데도, 그것은 대답의 일부에 지나지 않는다. 이는 매우 분명한 민족적 모순과 분규에도 마찬가지로 적용된다. 그 결과, 두 세트의 기본적인 미해결 문제[착취·억압 문제, 민족적·인종적 차별 문제: 역주]와 관련하여, 사회주의 대안은 그 문제의 영구적인 획기적 처방을 찾아 그 궁극적 지반까지 내려가서 역사를 통틀어 온전히 조망眺望하면서 그것들과 대결할 것을 요구한다. 미해결 문제는 가장 깊은 그 역사적 뿌리에서 파악되어야 한다. 자본주의적 변종은 아무리 중요하고 또 지금 전지구적으로 아무리 지배적이라 하더라도, 그런 역사적 뿌리에서 나온 단지 하나의 싹일 뿐이다. 이처럼 역사적 뿌리에서 해결되지 않는다면, 새로운 적대적 싹이 장차 언젠가 자라날지도 모른다. 사회주의 대안과 관련하여 마르크스가 '인류의 전사前史'라 불렀던 것을 그가 인류의 참된 역사와 날카롭게 대비하도록 만들었던 것은 바로 (최근 몇 세기의 역사뿐 아니라 역사 전체에서의) 이런 계급 규정의 짐이었다. 그는 역사를 역사의 진정한 주체인 사회적 개인이 (그들이 선택한 목표들에 부합하게) 의식적으로 관리하는, 질적으로 상이한 생산·분배 통제양식으로 파악한 것이다.

이들 핵심적 관심사를 둘러싼 투쟁이 수천 년 동안 인간 역사의 특징을 이루었다. 물론 인간 역사는 환경의 변화와 그에 상응하는 인간의 변화와 더불어 새로운 형태를 취할 수밖에 없었다. 다뉴브라는 제목의 장엄한 시에서 아틸라 요제프는 이 극적인 사회적·민족적 갈등 과정을 그 완벽한 역사적 긴장 속에서 묘사한다. 그는 웅장한 시적 상상력을 발휘하여 강江, 즉 인간 역사의 분리할 수 없는 한 부분이고 인격화된 증거이지만, '과거, 현재, 미래'인 강에게 말을 걸고 묻는 방식을 사용하여 자신의 답변을 제시한다. 요제프는 시인의 관점과 아주 오래된 거대한 강 사이의 매우 영감 어린 상호작용 형태로 그의 비전을 창조적으로 표현하여, 깊이 감지된 역사적 책무의 짐과 더불어 위대한 인간성과 연상력聯想力과 함께 모든 차원의 역사적 시간을 우리 앞에 드러낼 수 있다. 이런 식으로 그는 '맹렬히 싸웠던' '수많은 민족체' 간의 과거와 현재의 주요 적대에 생기를 불어넣음과 동시에, 그 적대에 필요한 해법을 제창할 수 있다.

아틸라 요제프는 그의 위대한 시의 마지막 두 연聯에서 이렇게 말한다.

> 나는 세계라네, 존재했고 또한 존재하는 모든 것이라네,
> 숙명적 갈등에 열중한 수많은 민족체라네.
> 정복자들이 죽으면서 나와 함께 의기양양해하네,
> 그리고 나는 피정복자의 고통으로 괴로움을 겪네.
> 아르파드와 절란, 베르뵈치와 도저,[11]
> 터키인, 타타르인, 슬로바키아인, 루마니아인이 이 가슴에서 소용돌이치네,
> 관대한 미래와 함께
> 과거에 대한 뿌리 깊은 빚을 지고 있는, 오, 오늘의 헝가리인이여!
>
> 나는 일하고 싶네,

---

11 각 쌍의 이름은 정복자와 피정복자를 나타낸다. 아르파드Arpád는 9세기에 카르파시언Karpathian 분지의 절란Zalán을 정복했던 헝가리족의 우두머리였고, 베르뵈치 Werböczy는 죄르지 도저György Dózsa의 1514년 농민봉기에 대해 잔인하게 복수했던 16세기 초의 헝가리 정치인이었다.

과거를 고백해야 하는 것은 매우 힘든 법이라네.

과거, 현재, 그리고 미래인 거대한 다뉴브의

부드러운 물결이 고요히 감싸며 흐르네.

우리 선조들이 맹렬히 싸운 투쟁이

기억을 통해 평화로 녹아드네.

우리가 함께 떠맡은 과업에 정성을 다하는 것, 그것을 마침내 정돈하는 것,

그것이 우리 일이라네, 그리고 작지 않은 일이라네!

역사의 현 국면에서 우리 모두는 예외 없이 "관대한 미래와 함께 과거에 대한 뿌리 깊은 빚을 지고" 있다. 실제로 우리는 아주 오래된 과거에 대해서뿐만 아니라 위태롭게 위협하는 현재에 대해서도 그런 빚을 지고 있다. 인류의 **참된** 역사의 대안적 사회질서로 확보될, 영원히 지속 가능한 '관대한 미래'와 함께 빚을 지고 있다. 인류의 참된 역사는 우리의 조상뿐만 아니라 오늘날의 파괴적인 열강에 맞서 여전히 싸울 수밖에 없는 사람들의 '맹렬히 싸운 투쟁'도 완전히 뛰어넘는다. 내기가 지금보다 더 큰 적이 없었다. 그리고 복잡하고 심원한 뿌리를 가진 채 우리 시대에 자본의 더욱더 파괴적인 국가 간 관계라는 독초를 재생산하는 (민족적·인종적 분규로부터도 발생하는) 항상적인 적대와 위험한 갈등을 극복하지 않고서는 이 내기에서 이길 수 없다. 항상적인 적대와 위험한 갈등은 20세기에 두 차례의 재앙적인 세계대전으로 폭발했고, 지금은 인류의 생존 자체를 직접 위협하고 있다.

과거로부터 물려받고 현재 심화되고 있는 해묵은 갈등과 적대의 해법은 한참 전에 나왔어야 했다. 그러나 민족적 분규를 극복하는 과업은 복잡한 뿌리 자체를 뽑아내지 않고서는 성취될 수 없다. 이는 자본 시스템의 모순이 개혁에 의해, 즉 사회구조로부터 **자본 자체를 제거**하지 않고서는 해결될

수 없는 것과 마찬가지다. 우리가 오랫동안 역사적으로 지속되고 변화해온 착취와 억압의 구조적 규정을 목표로 삼아야 할 때, '임금노예를 폐지하는' 것만으로는 충분하지 않다. 역사를 매우 멀리 퇴행시키는 잠재적이거나 폭발적인 민족적·인종적 분규를 포함한 착취와 억압의 모든 형태와 가능한 변종들은 우리가 성공하려면 단호하게 제거되어야 한다. 그것들의 기억은 오랫동안 남아 있어서 종종 그 이상의 적대의 분출에 기여한다. 그러한 기억은 과거에 대해 단지 다른 방식으로 생각하는 것으로는 치유될 수 없다. "우리 선조들이 맹렬히 싸운 투쟁이 기억을 통해 평화로 녹아드네"는 심오한 진실이다. 그러나 역사적 기억이 (영속적으로 민족적·인종적 분규 자체를 바로잡는) 실천적 개입을 통하여 실제로 재형성될 때에만 이것은 사실이 된다. 공통의 근심거리인 이들 기본 문제는 무한히 미루어질 수 없다. 요제프의 말을 빌리면 "우리가 함께 떠맡은 과업에 정성을 다하는 것, 그것을 마침내 정돈하는 것, 그것이 우리 일이라네, 그리고 작지 않은 일이라네!"

6.6

호세 마르티가 "조국은 인류다" 또는 "인류가 우리 조국"이라고 주장하여 애국주의의 참된 의미를 밝혔을 때, 그는 절대적으로 옳았다. 왜냐하면 이런 종류의 조국, 즉 개인이 자기 공동체의 긍정적 가치에 의식적으로 일체감을 갖는 것을 그 특징으로 하는 조국은 대단히 파괴적인 적대에 의해 분열될 수 없는 유일하게 영구적으로 지속 가능한 사회질서이기 때문이다. 따라서 그것은 아득히 먼 이상이 아니라, (민족 차별과 그에 따른 분규들의 여지가 있을 수 없는 대안적 사회신진대사 통제양식의 수립을 상정하는) 사회주의 변혁전략 성공의 **필수적 목표, 나침판, 그리고 척도**이다. 그것은 외부에서 그리고 위로부터 질서를 강요하려는, 과거에 실패했고 미래에도 실패할 운명을 지닌 모든 시도와 달리, 용어의 가장 깊은 의미에서 유일하게 실행 가능한 **국제적** 질서이다. 그것을 실행 가능하고 지속 가능하게 만드는 것은 인류에 대한 직접적 관계로 규정된 마르티의 조국이 자신의 구성부분의 **긍정적인 내적 규정**으로부터 생성한다는 점이다. 그리고 이 내적 규정은 진정한 애국주의의 수많은 특정 표현을 그 전 지구적 실현 조건의 진행과 조화시킨다. 이들 두 차원은 사회주의 전략에서 그 필수적인 전반적 목표와 안내 나침판과 함께 서로 분리할 수 없다. 인민의 애국적 정체성의 다양한 변종과 그 공동체의 실제적 삶의 조건을 긍정적으로 병합하지 않고서는 우리 시대에 반드시 필요한 지속 가능한 전 지구적이고 국제적인 교류는 있을 수 없고, 그 역逆도 진실이다. 상호 적응하고 협동적으로 조화를 이루는 인류의 전 지구적/국제적 조국을 성공적으로 수립하고 강화하지 않고는 그 이름에 값하는 애국주의는 있을 수 없다. 그리고 그러한 인류의 전 지구적/국제적 조국만이 애국주의 자체에 대해 요구되는 긍정적인 규정적 특징을 부여할 수 있다. 이런 의미에서 민족적인 것과 국제적인 것의 변증법적인 상호보완성은 예견할 수 있는 미래에 여전히 인간 교류의 핵심적 지향 원리이다.

당연히, 이 문제들의 조직적 차원은 과소평가될 수 없다. 반대로, 사회경제적·정치적 발전의 최근 추세에 비추어 보면 그 중요성은 점점 더 커진다. 왜냐하면 이제 심각한 군사적 모험의 형태마저 상정하는 전 지구적 패권 제국주의의 국제적 행동이 미래에 대한 엄청난 위험을 나타내기 때문이다. 그리하여 그것들은 실행 가능한 사회주의적 국제행동의 틀을 발전시킬 것을 긴급하게 요구한다. 그런 국제행동의 틀이 없다면 자본의 파괴적인 사회재생산·정치통제 양식에 대해 절실히 요구되는 헤게모니적 대안이 우세해질 수 없다.

필수적인 **전략 우선순위**를 설정하는 데 그런 사회주의 국제행동의 틀을 표명하고 강화하는 것이 매우 중요한 지위를 차지한다. 그것은 단순히 경제적(예를 들어 환경적), 그리고 정치적 차원에서 국제 자본의 매우 위협적인 발전에 대한 임시적이고 주기적인 대응으로서가 아니라, 적절한 형태의 국제행동에 따라 모든 영역에서 지속되어야 할 응집력 있게 전개되는 대안으로서 구상되어야 한다. 달리 말하면 우리가 관심이 있는 것은, 그 자신의 전략적 권한으로 일관되게 추구되고, 예컨대 몇몇 폭발적인 경우, 제국주의 군사행동에 맞서 다소 자연발생적인 **대규모** 시위에 참여할 때[2003년 미제국주의의 이라크 침략전쟁에 반대하는 전 세계적 시위: 역주]와 같은 심각한 도전이 제기될 때뿐 아니라 연속적으로 지속될, 그런 조직적 성취의 **역사적 현실성**(과 필연성)이다.

불가피하게, 이 측면에서 우리 시대에 실행 가능한 국제행동 양식의 성공적인 표명과 강화에 필요한 주요 조건 가운데 하나는 과거의 실패에 대한 진지하고 비판적인 검토이다. 왜냐하면 앞서 언급했듯이 네 차례의 인터내셔널은 모두 그들이 선언한 목표를 달성하는 데 크게 미달했기 때문이다. 과거에는 불리한 역사적 조건들이 사회주의적인 조직적 대안의 성공적인 국제적 발전을 방해하고 심지어 가로막았다면, 오늘날 조건은 더 유리해진 것인가?

자본의 재생산 질서에 대한 헤게모니적 대안의 주창자인 근본적인 사회주의 세력이 크게 전진할 필요성은 오늘날 지배 질서의 파괴성이 증가하기 때문에 의심할 바 없이 크다. 그러나 그러한 필요성만으로는 그것이 아무리 강력하거나 유망하다 하더라도 충분하지 않다. 왜냐하면 (나머지 세력에서 오랫동안 지배적이었던 개량주의적 탈선과 더불어) 사회주의 운동의 **급진세력**이 안고 있는 **내부 분열**의 무거운 짐을 간과할 수 없기 때문이다. 이 내부 분열은 과거에 전개되었고, 오늘날도 그 극도로 분열적이고 부정적인 영향을 계속 미치고 있다. 조직적으로 실행 가능한 급진적인 국제행동 양식을 발전시키고 유지하기 위한 역사적 조건이 예전 그 어느 때보다도 오늘날 훨씬 더 유리하다 하더라도 과거의 국제적 실패는 이 내부 분열 문제를 직시하지 않고서는 치유될 수 없다.

이 점에서 주요한 차이는 우리가 자본 시스템의 **구조적 위기**라는 역사적 단계에 도달했다는 점이다. 현실의 사회적·정치적 말로 표현하면, 그것은 (과거에 자본이 그 주기적인 국면적 위기하에서 상대적으로 쉽게 그 모순과 적대를 관리할 수 있게 해주었던) 몇몇 길이 이제 봉쇄되면서 장차 심각한 문제를 만들어낸다는 것을 의미한다.

매우 중요한 봉쇄된 길 가운데 여기에 직접 해당한 것으로 두 가지가 두드러진다. 첫 번째는 과거에 개량주의적 노동이 ▶'진화 사회주의' — 그리고 그 쌍둥이 형제, 즉 유럽 여타 지역에서의 '의회 사회주의'와 ▶해럴드 윌슨의 영국에서 ▶'경제의 관제고지를 정복함'으로써 사회주의를 허구적으로 수립하는 것 — 의 실현할 수 없는 약속을 **내면화**하고 적극적으로 장려하도록 자본이 유도할 수 있었고, 그리하여 자본의 잠재적 적[노동자계급: 역주]을 미혹시키고 성공적으로 무장해제했던 길과 관련된 것이다. 그러나 자본의 구조적 위기의 심각한 충격하에서 개량주의 정당들은 겉치레만의 사회주의 전략들을 포기하고 실제로 전적으로 투항하지 않을 수 없었다. 그리하여 영국의 '신新노동당'처럼 지배질서의 노골적인 옹호자로 변신했다. 불가피하게 사태의 이런 전개는 패배주의적 과거를 바로잡는 데 아무리 시간이 오래 걸리더라도, 심지어 선진 자본주의 나라들에서조차 노동자의 생활조건이 악화

> ▶ **진화進化 사회주의**   독일의 사회주의자로서 수정주의修正主義의 제창자인 베른슈타인의 주장. 자본주의는 사회혁명 없이도 점진적으로 사회주의로 진화해 간다는 주장. 그의 수정론은 마르크스주의 이론의 광범한 범위에 이르지만, 특히 중요한 것은 사회혁명이 아니라 의회주의의 입장에서 점진적인 사회주의의 실현을 제창한 점이다. 이 주장을 둘러싸고 카우츠키나 룩셈부르크 등과 이른바 수정주의 논쟁을 벌였다.

> ▶ **해럴드 윌슨**Harold Wilson   영국의 정치가로 노동당 당수로서 총리직(1964~1970)을 지냈다. 그는 '과학혁명시대의 사회주의'를 주창, 광산의 국유화·완전고용·사회보장제도의 실현 등으로 영국경제의 활성화를 시도했지만 결실을 맺지 못하고 물러났다.

> ▶ **경제의 관제고지**管制高地   레닌의 조어造語로 국민경제를 주도하는 기간산업, 전략산업, 독점대기업 등 주요 경제영역을 일컫는다.

되는 것에 반대하기 위해 미래에 어떤 행동노선을 따라야 하는가 하는 문제를 다시 제기했다.

두 번째 봉쇄된 길은 훨씬 더 중요하다. 그것은 20세기의 세계대전에서 두 번 시도되었듯이, **총력전**을 통해 시스템의 악화되는 문제들을 해결할 가능성을 제거하는 것과 관련된다. 나는 베트남 전쟁이 막바지에 이르고 자본의 구조적 위기가 시작된 때에 다음과 같이 썼다.

…… 그 시스템은 자신의 궁극적인 처벌 — 즉 그 실제적이거나 잠재적인 적에 대한 총력전 — 을 제거함으로써 목이 잘렸다. …… 폭력의 수출은 필요한 만큼의 대규모로는 이제 가능하지 않다. 베트남 전쟁같이[12] 제한된 규모로 그렇게 하는 것을 시도하는 것은 낡은 메커니즘의 대체물이 될 수

없을 뿐 아니라, 시스템의 불가피한 내적 폭발을 심지어 가속화하기까지 한다. 현 위기의 유일한 해법인 사회주의의 내부 도전을 외부 대립, 즉 '일괴암 —怪巖의' 적이 해외에서 지령한 '전복'으로 묘사하는 이데올로기적 신비화를 계속 잘해내는 것도 불가능하다. 사상 처음으로 자본주의는 이제 더 '미루어질' 수도 없고, **총력전 형태로 수출되도록** 실제로 군사적 차원으로 이전될 수도 없는 그 자신의 문제들과 전 지구적으로 맞닥뜨리고 있다.[13]

나는 마지막 문장의 각주에 "물론 그런 전쟁이 일어날 수 있으나, 그것을 공개적으로 실제 계획하고 적극적으로 준비하는 것은 핵심적인 내부 안정판으로 기능할 수 없다"[14]고 덧붙였다. 이것은, 그 '이론들'이 광기에 가까운[15] 펜타곤의 신보수주의 '몽상가들'이 "생각할 수 없는 것을 생각"하려고 하는 것 이상이라 하더라도 그러하다. 그러나 그러한 극단적인 비합리성 형태들조차 이 봉쇄된 길의 광범위한 함의를 없앨 수는 없다. 근원적인 문제가 자본 시스템의 재생산 틀 내에서는 해결할 수 없는 모순이기 때문이다. 한편으로 전 지구적 규모로 무자비한 자본의 집적·집중의 진행을 통해, 다른 한편으로 그에 상응하는 전 지구적 규모로 요구되는 정치적 안정을 만드는 데서 구조적으로 부과된 자본 시스템의 무능력을 통해 모순이 나타난다. 지구의 상이한 지역들에서 전 지구적 패권 제국주의의 매우 공격적인 군사 개입, 즉 현재 미국의 군사 개입조차 이 측면에서 실패하게 되

---

12 여기에 우리는 중동 전쟁을 추가할 수도 있다.

13 Mészáros, *Marx's Theory of Alienation*(London: Merlin Press, 1970), p.310.

14 같은 책, p.342.

15 Mészáros, "The Structural Crisis of Politics," *Monthly Review*(Sep. 2006) 참조.

어 있다.

국지전局地戰의 파괴성이 아무리 크다 하더라도, 그것은 영속적으로 유일 제국주의 패권국과, 자본의 논리에 맞는 유일한 것인 그 패권국의 '전 지구적 정부'의 도전할 수 없는 통치를 도처에 강요하는 데에는 전혀 충분치 못하다. 사회주의 헤게모니적 대안만이 이 파괴적인 모순에서 벗어날 길을 제시할 수 있다. 그것은 우리 시대에 민족적인 것과 국제적인 것의 변증법적 상호보완성을 충분히 존중하면서 조직적으로 실행 가능한 대안이다.

7. 의회주의에 대한 대안:
물질적 재생산 영역과 정치 영역의 통일

7.1

의회주의에 대한 필수적인 대안은 2장에서 논의된 실질적 참여 문제와 긴밀히 연계되어 있다. 이 두 문제 사이의 표면상 주요한 차이는 다음과 같다. 전면적 참여는 사회주의 사회의 형태가 아무리 발전되고 오래 지속되더라도 사회주의적 상호관계의 변함없는 절대적인 기본 규제원리이다. 반면에 의회주의에 대해 전략적으로 지속가능한 대안을 창출할 필요는 당장 긴급하게 제기되고 있고 피할 수 없는 것이다. 그러나 이런 차이는 부르주아 의회주의의 구속으로부터 사회주의 운동을 어떻게 해방할 것인가 하는 중요한 문제에서 매우 알기 쉬운 측면일 뿐이다. 그것은 사회주의 저작에서 통상 '국가의 사멸'로 언급되는, 더 광범하고 궁극적으로 피할 수 없는 도전과 관련된 또 다른 차원을 갖고 있다. 그 핵심적인 마르크스 프로젝트를 외관상 가로막고 있는 어려움은 참여 ── 근대 정치적 국가가 (때로는 필수적으로) 매개해야 한다는 제약을 확실히 뛰어넘어, 모든 영역에서 자유롭게 연합한 생산자들에 의한 그들 사회의 전면적으로 자율적인 자주관리인 ── 와 (의회주의에 대한 근본적인 대안으로 상정된 것인) 물질적 재생산 영역과 정치 영역을 통합하는 영속적인 길, 양자 모두에 똑같은 관련성과 비중으로 적용된다. 실제로 우리가 실질적인 '국가의 사멸'을 이룩하는 역사적 과제를 고려할 때, 전면적 참여를 통한 자주관리와, 정치적으로 한정된 형식적이고 법적인 의사결정에 반대하는 실질적 의사결정의 긍정적 형태에 의해 의회주의를 영구적으로 지속 가능하게 극복하는 것은 분리할 수 없다.

의회주의에 대한 유효한 대안을 수립할 필요는 우리 시대에서 역사적으로 특수한 정치제도들에서 제기된다. 그것들은 20세기 과정에서 — 훨씬 더 나쁘게, 잠재적으로 전진하는 힘이 아니라 활동을 마비시키는 힘이 될 정도로까지 — 변형되었고, 한때 급진적 사회주의 운동에 의해 유지되어온 모든 희망과 기대를 참담하게 좌절시켰다. 왜냐하면 자본의 자기 편의적인 정치제도 내에서 벌여온 수십 년의 정치투쟁은 '의회 게임의 규칙'에 대해 다양하게 조직된 노동계급 대표들의 완전한 순응주의를 그 특징으로 했는데, 그런 정치투쟁의 (역설적이고 많은 경우에는 비극적인) 결과가 모든 선진자본주의 나라에서 현재의 지배적인 조건에서 노동계급이 총체적으로 공민권公民權을 박탈당하는 것으로 결국 판명되었기 때문이다. 이런 식으로 사회민주주의적 투항은 '노동계급의 실제적 이해관계'를 대변한다고 주장하면서, 실제로는 이런 완전한 공민권 박탈 과정의 악순환을 전면적으로 완성했다. 그런데 역사적으로 시대착오적인 의회 시스템 자체를 — 진실로 지속 가능한 방식으로 — 근본적으로 극복하지 않고서는 이 악순환에서 벗어날 수 없다.

우리 시대의 실제로 현존하는 조건과 과거에 했던 약속 간의 대조는 비교할 수 없이 커졌다. 특히 19세기의 마지막 1/3기(1860년대 후반 이후)의 정치 발전과 그에 따른 노동의 희망을 떠올릴 때 그러하다. 알다시피 노동계급운동은 그때보다 훨씬 전에 역사 무대에 등장했고, 초超의회 운동으로 그 첫 진보를 이루어냈다. 그러나 그 측면에서 19세기의 마지막 1/3기는 대중적 노동계급 정당의 형성·강화라는 뚜렷한 변화를 만들어냈는데, 이 노동계급 대중정당의 대다수가 사회 전체에 요구되는 광범위하고 영속적인 구조개혁을 ― 합의에 의한 입법 개입을 통해 ― 도입하기 위해 선거 수단에 의한 정치 영역의 점진적 정복을 지향하기 시작했다. 실제로는 시간이 지남에 따라, 노동계급 대중정당들은 순전히 선거에서 눈부신 성공을 몇 가지 보여줄 수 있었고, 그 결과 '당연한 추세'로 사회의 물질적 역관계에서도 선거만큼의 성공을 이룰 것이라는 매우 미심쩍은 예상을 받아들였고 또한 조성했다. 이런 식으로, 사회민주주의적 개량주의가 자본주의 강대국들의 노동계급 정당들에서 지배적으로 되었고, 급진적 노동운동세력은 수십 년간 주변화周邊化되었다.

그러나 그 '당연한 추세'는 결코 도래하지 않았고, 도래할 수도 없었다. 자본의 사회신진대사 통제의 자기 본위의 매개변수 내에서 근본적으로 상이한 사회질서를 수립하는 것은 바로 그 시작부터 이율배반이 될 수밖에 없었다. 제창된 정치적·사회적 전략이 베른슈타인과 그 추종자들이 내세운 '진화 사회주의'로 불리든, 또는 해럴드 윌슨과 여타 사람들이 내세운 '경제의 관제고지 정복하기'로 불리든 간에, 그러한 전략들에 의해 거듭 선언된 오랜 약속의 땅은 (결국 독일과 여타 전 세계의 수많은 사회민주당들뿐만 아니라 영국 '신노동당'이 떠들썩하게 그리고 완벽하게 앞서갔던) 허구적인 미래의 낙원을 향한 한가로운 행진이 될 수밖에 없었다.

게다가 이 문제를 훨씬 더 심각하게 만든 것은, 사회민주주의적인 제2인터내셔널의 돌이킬 수 없는 역사적 실패를 매우 명시적으로 단죄한 제3인터내셔널의 틀 내에서 형성된, 매우 중요한 그리고 선거에서도 성공을 거둔 몇몇 급진좌파 정당들이 ― 이번에는 정말로 당연한 추세로 ― 예전에 자신들이 강력하게 비난하고 축출했던 정당들과 똑같은 재앙적인 경로를 뒤따랐다는 점이다. 이 측면에서는 이탈리아와 프랑스의 공산당이 추구한

'사회주의로 가는 의회주의의 길'을 떠올려 보는 것으로 충분하다. 실제로, (한때 ▶안토니오 그람시 못지않은 혁명가의 당이었던) 이탈리아 공산당은 — '역사적 대타협'이라는 또 다른 환상적 전략에 빠져든 후, 실질적 타협을 하려면 적어도 둘이 필요하며 그렇지 않으면 하나는 스스로와 타협할 수밖에 없다는 것을 간과하거나 또는 아마 정말로 잊어먹고서 — 자본의 '민주적' 사회질서 서비스에 완전히 적응할 수 있도록 '민주적 좌파'로 개명했다. 그리고 옛날 옛적에 레닌 자신의 당이었던 소련 당의 총서기 미하일 고르바초프가 법령에 따라 당을 해산할 권한이 자신에게 있다고 생각하고, 실제로 개방(글라스노스트)과 민주주의의 이름으로 그러한 권위주의적 조처를 잘해낼 수 있었음을 회상할 때, 그 사실은 이들 문제에서 근본적으로 잘못된 것이 시정되어야 한다는 분명한 징후임에 틀림없다. 과거에 대한 향수는 근원적인 쟁점들에 대해 아무런 해법도 제공하지 않는다.

이 모든 것은 '지나고 나서 보니까' 그렇다고 말하는 것이 아니다. 그러한 표현은 비판을 빗나가게 하고 과거의 실패한 전략을 그것들을 강요한 책임이 있는 사람들의 역할과 함께 정당화하기 위해 관례상 사용되는 표현이다. 이는 마치 바로 지금 자기 합리화의 빈정거림과 함께 퇴장되어 자격이

상실된 '뒤늦은 깨달음'이 지평에 나타났을 때까지 그런 행동 경로를 따르는 것 이외의 대안이 있을 수 없었던 것과 같다. 역사적으로 기록된 사태는 다르게 될 수 없었다. 왜냐하면 조직된 사회주의 운동의 숙명적 탈선이 가속화되기 시작했을 당시에 적극적으로 활동하고 있던, 급진적 사회주의 대안의 매우 선견지명 있고 헌신적인 주창자인 레닌과 로자 룩셈부르크는 위험의 전개를 명료하게 진단했고, 지나고 나서 보니까가 아니라 실현할 수 없는 '진화적' 처방의 이론적·정치적 멍청함을 그 즉시 논증했다. 마르크스는 이 부르주아 의회체제로의 궁극적인 투항적 통합 과정의 초기 단계에서조차 오해할 여지가 없이 명백하게 경고했다. 그러나 원리상의 타협을 해서는 안 된다는 『고타 강령 비판』에서의 그의 주장은 여전히 광야에서 외치는 자의 소리였다.

조직된 노동 세력은, 결국 그 경험이 아무리 쓰라린 것으로 판명된다 할지라도, 스스로 경험해야 했다. 왜냐하면 그 이후 오랜 역사적 시기 동안 대다수의 노동운동이 '최소저항 노선'의 (이 평계 저 평계로 교묘하게 빠져나가는) 약속을 추종하는 것 이외의 대안은 없는 것 같았기 때문이다. 자본을 편드는 물질적 역관계의 구조적으로 확립되고 강제되는 불평등이, (실제로는 극히 형식적이고 결코 실질적이지 않은) '민주적 선택'과 보장된 선거의 '평등'이라는 이데올로기에도 불구하고, 제도권 정치무대에서도 지배적일 수밖에 없다는 것을 밝혀주는 쓰라린 경험을 할 때까지는, 고도로 복잡한 사회 문제들을 상대적으로 단순한 의회 입법 과정을 통해 해결하자는 약속과 유혹은 무시하거나 그냥 지나치기에는 너무 컸다. 실제로 노동을 포획하기 위한 객관적으로 보장된 제도적 함정은 노동을 타락시키는 선거기구의 영향과 선거기구와 연관된 '다수 득표를 추구하는' 의회주의 옹호 이데올로기로 인해 더욱 복잡해졌다. 로자 룩셈부르크는 문제의 이런 측면들을 오래

전에 다음과 같이 특징지었다.

의회주의는 지금 서구 사회민주주의에 현존하는 온갖 기회주의 경향의 번식처이다.……[그것은] 사회개혁에 대한 과대평가, 계급과 정당 제휴, 사회주의로의 평화적 발전 희망 등등과 같은 현행 기회주의의 환상을 낳는 토양을 제공한다.…… 노동운동의 성장과 더불어, 의회주의는 정치적 출세주의자들의 도약대가 되고 있다. 그것이 부르주아지로부터의 그렇게 많은 야심적인 탈락자들이 사회주의 정당들의 깃발로 모여드는 이유이다.…… [그 목적은] 프롤레타리아트의 적극적이고 계급의식적인 부분을 '유권자'라는 무정형無定形의 대중에 용해시키는 것이다.[1]

자연히, 가공의 '유권자'에 대해 민주적으로 존중하는 양 왜곡하는 자기합리화 이데올로기는 정당들을 임의로 그리고 종종 부정하게 통제하고, 매우 미미한 '점진적 개혁'조차 도입할 가능성을 없앨 목적으로 편리하게 이용될 수 있었으며, 20세기의 우울한 역사 기록이 분명히 보여주듯이 노동계급의 완전한 공민권 박탈로 귀결되었다. 그러므로 주요한 사회적 변화를 도입하려는 시도, 예를 들어 라틴아메리카의 최근 15년 동안 특히 베네수엘라에서의 시도와 이제 볼리비아에서의 시도가, 제창된 원대한 변혁을 향한 첫 발걸음으로서 의회주의 시스템에 대한 강력한 비판과 제헌의회 설립을 결합한 것은 전혀 우연이 아니었다.

---

1 Rosa Luxemburg, "Organizational Questions of the Russian Social Democracy," in *The Russian Revolution and Leninism or Marxim*(Ann Arbor: The University of Michigan Press, 1970), p.98.

의회 시스템에 대한 비판은 거의 의회 자체만큼이나 오래되었을 정도로 충분히 많다. 근본적인 관점에서 의회 시스템의 치유할 수 없는 한계를 처음 폭로한 것은 마르크스가 아니었다. 이미 루소의 저작에서 그것은 강력하게 표현되었다. 주권은 인민에게 속하고 따라서 적법하게 양도될 수 없다는 입장에서 출발하여, 루소는 같은 이유로 주권이 어떤 형태의 대의제로든 합법적으로 포기될 수 없다고 주장했다.

그러므로 인민의 대리인[의회 의원들: 역주]은 인민의 대표가 아니고 대표일 수도 없다. 그들은 단지 인민의 집사일 뿐이고, 어떠한 최종적 행동도 완료할 수 없다. 인민이 직접 비준하지 않은 모든 법은 무효이고 법적 효력이 없으니, 사실상 법이 아니다. 영국의 인민은 스스로를 자유롭다고 여긴다. 그러나 그것은 전혀 오해다. 의회 의원들의 선거 동안만 인민은 자유로울 뿐이다. 의원들이 선출되자마자, 노예제가 인민을 엄습하고 인민은 아무것도 아니다. 인민이 누리는 짧은 순간의 자유를 인민이 사용하는 방식[의원선거 때 인민의 태도: 역주]은 실제로 인민이 그 짧은 순간의 자유를 잃어버릴 만하다는 것을 보여준다.[2]

동시에, 루소는 입법권은 의회 대의제를 통해서조차 인민으로부터 분리될 수 없다 하더라도, 행정 또는 '집행' 기능들은 매우 다른 시각에서 고려

---

2 Rousseau, *The Social Contact*(『사회계약론』)(Everyman edition) p.78.

되어야 한다는 점도 중요하게 지적했다.

> 입법권의 행사에서, 인민은 대표될 수 없다. 그러나 법이 효력을 발휘할
> 수 있게 적용되는 유일한 힘인 집행권의 행사에서는 인민은 대표될 수 있
> 고, 대표되어야 한다.[3]

이런 식으로, 루소는 그를 비난하는 사람들로부터, 심지어 좌파들로부
터도 흔히 평가되거나 실제로 비난받은 것보다 훨씬 더 실행 가능한 정치·
행정 권력의 행사를 제기했다. 루소의 입장에 대한 의도적인 와전訛傳으로
인해, 사회주의자들이 적절하게 번안된 형태로 사용할 수 있는, 그의 이론
의 결정적으로 중요한 두 원리들, 즉 정치·행정 권력의 행사에 관한 원리
는 자격이 박탈되고 내버려졌다. 그러나 문제의 핵심은 한편으로 기본적
의사결정권이 결코 인민대중으로부터 분리되어서는 안 된다는 것이다. 동
시에 다른 한편으로, 자율적으로 부과된 규칙하에서 이루어지고 실질적인
의사결정 과정의 모든 단계에서 적절히 통제된다면, 사회재생산 과정의 모
든 영역에서 특수한 행정과 집행 기능들의 실행은 자유롭게 연합한 생산자
들이 해당 공동체의 성원들에게 확정된 기간 동안 실제로 위임할 수 있다
는 것이다.

그리하여 어려움은 루소가 정식화한 두 가지 기본 원리 자체에 있지 않
고, 두 원리가 물질적이고 정치적인 자본의 사회신진대사 과정과 관련될
수밖에 없는 방식에 있다. 왜냐하면 양도할 수 없는 규칙 결정권(즉 특수한

---

3   같은 책, p.79.

계급으로서가 아니라 보편적 사회조건으로서 노동의 '주권'인)과, 잘 규정되고 유연하게 분배되며 적절하게 감시되는 규칙하에서 특수한 역할과 기능을 위임하는 것 등 두 원리에 부응하여, 사회주의적 의사결정 형태의 수립은 자본의 적대적 물질 영역으로 진입하고 그것을 근본적으로 재구조화할 것을 필요로 할 것이기 때문이다. 이것이 루소의 양도할 수 없는 인민주권과 그에 따른 위임권 원리에서 도출되는 고려사항에 의해 성공적으로 규제될 수 있는 것을 훨씬 뛰어넘어 실제로 진척되어야 할 과정이다. 달리 말하자면, 사회주의 질서에서 '입법' 과정은 생산과정 그 자체와 (필수적인 수평적 분업이 지역 수준에서부터 전 지구적 수준까지 노동의 자기 결정하는 조정 시스템에 의해 적절하게 보완되는 방식으로) 융합되어야 할 것이다.

입법과정과 생산과정 간의 이런 관계는 (소외된, 그리고 노동 대중에게 변경 불가능하게 중첩되게 부과된 '민주적 정치 시스템'에서 '권력 분립'[예컨대 삼권분립: 역주]에 의해 보완되는) 유해한 자본의 **수직적 분업**과 날카롭게 대비된다. 왜냐하면 자본 지배하의 수직적 분업은 또한, 가장 단순한 생산기능부터 입법 경쟁의 가장 복잡한 이해 조정 과정까지 수평적 분업의 모든 측면에 필연적으로 영향을 미치고 치유 불가능하게 감염시키기 때문이다. 복잡한 이해 조정 과정은 점차 치열해지는 입법 경쟁이다. 이해 조정 과정의 끝없이 늘어나는 규칙과 제도적 구성요소가 사회 전체에서 자본의 전반적인 지배를 보호할 뿐 아니라, 지엽적인 노동분쟁을 경계하여 저항적 노동의 실재적 또는 잠재적 도전행위를 단호하게 억압하는 데서도 핵심적 역할을 담당해야 하기 때문이다. 또한 그런 규칙과 제도적 구성요소는 역사적 전개 과정의 어떤 특정 시기에 다수 자본의 분열된 이해관계가 (전 지구적 실체로서 스스로를 궁극적으로 관철하는 경향이 있는) 사회적 자본의 총체성이 갖는 통제할 수 없는 역동성과 어떻게든 실행 가능할 정도로 조화를 이루게 만들어야 한다.

당연히, 사회주의적 사회변혁을 보장하고 보호하는 데 필요한 기본 변화는 지난 400년의 자본주의 발전 동안에 구성되고 고정화된 것인 정치 영역 내부에서 성취될 수 없다. 왜냐하면 이 측면에서 회피할 수 없는 도전이, 매우 당혹스러운 문제의 해결에 필수적이기 때문이다. 즉 자본은 우리 사회질서에서 **최고의 초超의회** 세력이다. 그러나 동시에, 자본이 (표면상으로 노동계급운동의 대안적 정치세력들과 관련하여 완전히 공평하게 운용되는) 의회의 한 부분에 지나지 않는 것처럼 꾸미면서 자본은 외부로부터 **의회를** 완전히 지배한다.

비록 이 사태의 영향은 심각하게 오도되고 있을지라도, 우리의 관심은 단순히 노동의 정치적 대표들이 개인적으로 희생물이 되는 기만적인 외관만의 문제가 아니다. 달리 말하자면, 잘 확립된 사회재생산 질서를 근본적으로 변화시킬 필요 없이, 지금 기만당하고 있는 인민이 적절한 이데올로기적·정치적 계몽을 통해 원리상 개인적으로 그로부터 벗어날 수 있는 상황이 아닌 것이다. 유감스럽게도 이 사태는 그보다 훨씬 더 심각하다. 거짓 외관 자체는 객관적인 **구조적 규정**에서 유래하고, 자본 시스템의 모든 변혁 과정에서 그 역동성에 의해 끊임없이 보강되기 때문이다.

7.3

어떤 의미에서 보면, 사회의 물질적 재생산 차원이 다수의 생산 기업으로 구현되고 실제적으로 갱신됨에 따라, 근본 문제의 특징은 사회의 **물질적 재생산 차원**으로부터 (의회와 의회의 다양한 제도적 부수물에서 추구되는)

정치를 역사적으로 분리, 정립하는 것으로 요약될 수 있다. 우발적인 역사적 발전 문제로서, 하나의 사회재생산 질서인 자본주의는 그 당시 지배적인 봉건적 정치와 물질적 재생산의 구속에 대항하여 스스로를 전개하고 관철해야 했다. 자본주의는 처음에는 봉건적 정치 질서에 정면으로 대항하는 통일된 정치세력의 형태를 취하지 않았다. 봉건 농노제의 정치적 구속으로부터 자유로운 다수의 신흥 생산기업들이 역동적으로 변화하는 전반적인 사회의 재생산 과정에서 물질적으로 점점 더 중요한 비중을 차지해감에 따라, 자본주의는 그들 신흥 생산기업을 통해 봉건적 정치 질서에 정면으로 대항했다. 통일된 정치세력의 형태는 그때까지 자본주의적 과정을 촉진하는 물질적 기반이 그들 사회에서 뚜렷하게 진전되었던 몇몇 주요 나라에서 성공적인 부르주아 혁명 단계에 상대적으로 늦게 생겨났다.

그러나 물질적 재생산 단위가 그 자신만의 힘으로 성공적으로 성장했다고 일방적으로 이론적 개념화를 했더라도, 그것은 전혀 결말이 아니었다. 정치적 차원은 항상 일정한 형태로 현존했고, 자본주의 시스템이 더 전면적으로 발달할수록 정치적 차원은 그 표출이 특유함에도 불구하고 실제로 점차 더 큰 역할을 맡아야 했기 때문에 이는 불가피했다. 왜냐하면 새로운 사회신진대사 질서가 응집력 부재로 인해 붕괴되지 않도록 대다수의 원심적인 물질적 재생산 단위는 자본주의 국가의 포괄적인 정치적 명령구조하에 어떻게든 결합되어야 했기 때문이다.

모든 것을 강력하게 규제하는 '보이지 않는 손'이라는 희망적인 추정이 실제로 매우 중요한 정치의 역할에 대한 적절한 대안적 설명인 것처럼 나타났다. 자본주의 발전의 전개와 필연적으로 연관된 그런 환상은 다음의 사실에 의해 잘 설명되었다. 영국에서 '보이지 않는 손'이라는 희망적인 추정이 등장하기 한 세기 전[17세기: 역주]에 내전과 '명예혁명'으로 봉건적 적

수를 성공적으로 패배시킨 후, 자본주의 국가에 의해 그 시스템이 점차 더 견고하게 되고 또한 정치적으로 보호되려던 바로 그 순간에, 뛰어난 고전파 정치경제학자 애덤 스미스는 "지방의회든 상원이든 그 모든 정치인"이 경제 문제에 주요하게 개입하는 것을 전부 금지하기를 원했고, 그러한 개입 사상을 "위험스러우며 어리석고 주제넘은 것"[4]으로 일축했다.

애덤 스미스가 이런 입장을 택했다는 사실은, 그가 자본주의 재생산 질서가 "완전한 자유와 정의의 자연적 시스템"[5]을 나타낸다는 관점을 가지고 있었기 때문에 이해할 수 있다. 따라서 재생산 질서에 관한 그와 같은 이해에서는 정치의 규제적 개입에 대해 그 필요도, 그리고 허용할 만한 개념적 여지도 있을 수 없었다. 왜냐하면 스미스의 관점에서는 "자연적 시스템"이 본래 모두의 이익을 위해 이미 이상적으로 예정되어 있었고,[6] "보이지 않는 손"에 의해 완벽하게 집행되었으므로, 정치는 (흔히 자유와 정의의 필요조건들과 완벽한 조화를 이룬다고 말하는) 그러한 "자연적 시스템"을 단지 적대적이고 해로운 방식으로 해칠 수 있을 뿐이기 때문이다.

애덤 스미스의 그림에서는 실제로 현존하고 **본질적으로 갈등적인** 권력관

---

4 Adam Smith, *The Wealth of Nations*(『국부론』)(Edinburgh: Adam and Charles Black, 1863), p.200.

5 같은 책, p.273.

6 여기서, 250년 전 '자연적이고' 보편적인 상품화와 소외의 시스템이 전개되는 것을 비난했던 독일 농민혁명의 재침례교도 지도자 토마스 뮌처의 대단한 도덕적 분노는 상기될 만한 가치가 있다. 뮌처는 "모든 창조물 —— 물속의 물고기, 공중의 새, 지상의 식물 —— 이 소유물로 변형되어야 한다는 것"이 얼마나 참을 수 없는 일인가를 언급했다. *The Challenge and Burden of Historical Time*, Chapter 7.1[이 책의 전체 버전 『역사적 시간의 도전과 책무』 제7장 1절: 역주]에서 인용되었다.

계라는 핵심 문제가 완전히 빠져 있었다. 그러나 이런 갈등적인 권력관계를 빼고서는 자본주의 발전의 역동성이 이해될 수 없다. 그것을 인정한다면, 그에 대해 적절한 정치적 설명을 제공하는 것이 본질적으로 중요하게 될 것이다. 스미스의 이론에서는 '국지局地적 상황'이라는 신비하게 부풀려진 개념이 사회적인 갈등적 권력관계의 자리를 대신 차지했다. 이 개념은 '보이지 않는 손'의 신비한 안내 아래 무의식적으로 — 그럼에도 관념적으로는 전체 사회의 이익을 위해 — 자신의 생산적 자본을 경영하는 순전히 이기적인 개인이 국지적으로 소유한 특정 기업이라는 상응하는 관념과 연결되었다. 자본의 극복할 수 없을 정도로 갈등적인 권력관계에 대한 이런 국지 지향의 개인주의적 — 아직 모두를 조화롭게 포괄하고 모두에게 보편적으로 유익한 — 파악은 애덤 스미스 시대에조차 현실과 매우 동떨어진 것이었다.

20세기에조차 흔했던, 다양한 종류의 그런 파악에는 큰 결함이 있었다. 자본 시스템의 물질적 재생산 차원과 정치 차원 사이의 내재적인 객관적 연관을, 즉 변경 불가능한 분리라는 기만적인 외관임에도 항상 지배적일 수밖에 없었던 연관을 인식하거나 이론적으로 설명하지 못했다는 점이다. 실제로, 두 차원의 내재적 관계가 없다면 기존의 사회신진대사 질서는 아마 한 순간도 기능하거나 생존할 수 없었을 것이다.

그러나 그 외관이 기만적이지만 객관적인 구조적 규정에서 유래한 자본 시스템의 두 핵심 차원의 역설적인 상호관계가 사회주의 대안의 성공적인 수립에 대해서도 또한 광범위한 함의를 갖고 있다는 것은, 같은 맥락에서 똑같이 강조될 필요가 있다. 왜냐하면 의회 입법의 주어진 틀 내에서 착취 세력에 대해 승리를 거두는 것은 말할 것도 없고, 자본주의 국가의 정치적 전복[7]을 통해 기존 질서를 실질적으로 극복하는 것은 생각할 수 없기 때문이다. 그런 시도로는 상속된 자본 시스템의 물질적 재생산 차원과 정치 차원 간에 신비롭게 분할되어 있지만 필연적인 연관을 지속적으로 다룰 수 없다. 이런 까닭에, 물질적 재생산 영역과 정치 영역의 분리될 수 없는 통일을 영원히 역사적으로 실행 가능하게 근본적으로 재구성하는 것이 사회주의 사회신진대사 통제양식의 핵심적 필요조건이고, 또한 이는 계속 그러할 것이다.

7.4

자본 시스템 출현의 초기 단계부터 '민주적인' 현재에 이르기까지 자본의 갈등적 권력관계의 냉혹한 현실을 무시하거나 묵살하는 것, 그리고 무엇보다도 이들 권력관계 내에서의 노동의 권위주의적 예속과 무자비한 지배를 모든 개인의 거짓 '평등'으로 변질시키는 것은 부르주아지의 가장 위

---

7 레닌은 다음을 충분히 명료하게 했다. "정치 혁명은 사회주의 혁명 구호를 모호하게 하거나 약화시키는 어떠한 환경에서도 할 수 없다. …… [사회주의 혁명은] 단일한 행위가 아니라, 난폭한 정치적·경제적 대변동, 매우 격렬한 계급투쟁, 내전, 혁명과 반혁명의 시기로 간주되어야 한다." Lenin, "On the Slogan for a United States of Europe(유럽합중국 구호에 대하여)," *Collected Works*, vol. 21(London: Lawrence and Wishart, 1960), p.340. 레닌은 유럽에서 혁명적 물결이 차츰 잦아든 이후와 같이 정치 혁명의 기본 생존을 방어하는 일이 긴박해졌을 때에도 정치 혁명과 진행 중인 사회혁명 사이의 기본 차이를 항상 의식했던 반면, 스탈린은 이 핵심적 구별을 없애버렸다. 그리고 스탈린은 봉쇄된 한 국가에서 사회주의 변혁으로 나아가는 불가피한 첫 단계가 사회주의 그 자체이고, "공산주의의 가장 높은 단계"로 오르는 것은 단순히 이를 뒤따르는 것뿐이라는 식으로 주장했다.

대하고 진보적인 지성들의 저작에서조차 자본 관점에 입각한 세계관의 피할 수 없는 부수물이었다. 애초부터 자본 관점을 채택함으로써 제거된 것은 '시초축적'[8]의 피로 물든 역사였다. '시초축적'에서 신흥지배계급은 선행 지배계급인 봉건적 토지소유 계급이 잘 확보했던 착취 관행을 새로운 형태로 계속했다. 그리하여 신흥지배계급은 아주 오래된 계급 억압과 착취의 변종이 형태를 바꾸어 의미 있게 역사적으로 연속됨을 다시 한 번 부각시켰다.

자본의 본성에 부합하게 적절하게 재규정된 그러한 밀접한 관련성의 공통 기반 위에서, '자유로운 노동'이라는 새로운 생산 질서의 영구히 필수적인 전제, 지극히 중요하게 생산수단을 통제하는 극소수에 의한 배타적 소유권, 그리고 동시에 생산수단으로부터 사회의 압도적 다수의 ─궁극적으로는 국가에 의해 정치적으로 보호되는─ 배제가 '자유와 평등'이라는 공인된 교의敎義에도 불구하고 영속화되어야 했다. 동시에, 사회질서의 통제권으로부터 압도적 다수의 인민을 정치적·이데올로기적으로뿐 아니라 물질적·재생산적으로도 강제로 배제하는 잔혹한 현실, 즉 어떤 진정한 '윤리 국가'[국가는 '윤리적 전체'로서 개인의 결집체 이상의 것이라는 헤겔의 국가 이론: 역주]로부터 가장 거리가 멀고, 실제로는 그것에 정반대로 대립하는 현실은 새로운 사회신진대사 통제양식의 자화상自畵像에서 깊은 침묵의 봉인 하에 놓여야 했다. 이는 자본의 이기적 관점에서 파악된 최선의 자화상에서조차 그러했다. 이것이 물질적 재생산 차원으로부터 정치의 분리라는 신

---

8 마르크스가 지적했듯이, 이른바 시초적 과정에서 자본은 "머리에서 발끝까지 모든 털구멍에서 피와 오물을 흘리면서" 출현한다. Marx, *Capital*, vol.1: "The So-Called Primitive Accumulation" 참조.

비화가 보수 이데올로기적·문화적 기능을 완수하고 동시에 또한 그 분리는 영원히 넘어설 수 없는 것으로 찬양될 수 있는 방식이다. 그리하여, 이를테면 헤겔은 그의 체계에서 매우 교묘하고 또한 철학적으로 절대화된 분리, 즉 '시민사회'의 이기적인 물질적 현실과 (시민사회의 피할 수 없는 결함에 대한 이상적 교정책으로 요구되는) 정치적인 '윤리 국가'의 분리를 제안했다. 실제로는 이기적인 것이 (주어진 사회신진대사 질서의 틀 내에서 작동하는 것으로부터 벗어날 수 없는 개인에게 부과되는) 자본의 넘을 수 없는 존재론적 기반에 내재적인 것이었지만, 헤겔은 그 실제적 인과因果 순서를 전도顚倒시킴으로써 이기적인 것의 핵심적 규정이 개인 자체로부터 직접 나오는 것인 양 신비스럽게 서술했다. 그 결과, 지혜의 여신 ▶아테네가 완전무장한 채 제우스Zeus 신의 머리로부터 솟구쳐 나온 것으로 상상되듯이, 마치 자기 확장이 개인의 본성 규정적인 개인적 목표와 목적의 내적 핵심으로부터 솟아나온 것처럼, 개인은 자본 시스템의 객관적인 자기확장 명령(즉 사회의 모든 측면을 그런 방식으로 지배하는, 변경 불가능하게 이기적인 자본 시스템의 규정) ─ 그것 없이는 자본 시스템 자체가 아마 존립할 수 없는 ─ 을 내면화해야 했다. 이런 식으로 헤겔은 자본의 사회질서의 철학적으로 절대화된 이원론二元論을 산출했을 뿐 아니라, 동시에 자본의 사회질서 속에서 이른바 '자유의 실현'에 상응하는 역사적 발전을 "진정한 ▶신정론, 즉 역사 속에 존재하는 신의 정당화"[9]로 찬미할 수 있었다.

이와 같은 파악의 모든 변종에 대한 비판은 오늘날에도 매우 적절하다. 왜냐하면 시민사회와 정치적 국가 간의 관계에 대한 이원론적 파악을 주장

---

9 Hegel, *The Philosophy of History*(New York: Dover Publications, Inc., 1956), p.457.

그리스 신화에 나오는 아테네는 지혜의 여신이다. 아
테네의 별명은 팔라스이고 아테나Athena로도 불린다. 아테네의 어머니는 메티
스Metis로 제우스에게 티탄족을 물리칠 방법을 가르쳐주었다. 메티스가 제우스
의 아이를 가졌을 때 제우스는 장차 태어날 아이가 자신을 능가하리라는 예언을
감지하고 메티스를 집어삼켰다. 그 후 제우스는 심한 두통에 시달렸다. 그래서
아들 헤파이스토스를 불러서 도끼로 자신의 머리를 쪼개라고 지시했다. 제우스
의 머리가 갈라지자 창을 손에 쥐고 완전무장을 한 아테네가 솟구쳐 나왔다. 지
혜를 상징하는 머리에서 태어났기 때문에 아테네는 지혜의 여신이다. 또한 전쟁
의 여신이기도 하다.

➤ **신정론**神正論, Theodicaea 이 세상에 악惡이나 화禍가 존재하기 때문에 신神
의 존재를 부인하는 이론에 대항한 이론으로, 신은 악이나 화를 보다 높은 목적
을 위한 수단으로 인정하고 또한 용납할 수 있으므로 신은 바르고 의롭다고 주장
한다.

하는 것은, 구상된 행동노선에서 채택된 이원론적 비전의 어느 쪽이 다른
쪽보다 우선되는가에 상관없이 방향감각을 상실한 전략을 가져올 뿐이기
때문이다. 이 점에서 의회를 통한 기획이 얼마나 비현실적인가는 우리의
주요 문제들을 순진하게도 시민사회의 제도적 대항세력을 통해 해결하겠
다는 기대가 매우 망가지기 쉽다는 것과 아주 흡사하다.

그런 입장의 채택은 '시민사회' 자체의 본성에 대한 매우 순진한 파악에
의해, 또한 대다수의 비정부기구NGO에 대한 총체적으로 무비판적인 태도
에 의해 함정에 빠지는 것으로 귀결될 뿐이다. 대다수 비정부기구들은 '비
정부조직'이라는 자기규정과 어긋나게, 자신의 재정을 의존하고 있는 지배
적인 퇴행적 국가기관들과 순조롭게 잘 공존할 수 있게 된다. 그리고 노동

조합처럼 특정 비정부기구들보다 훨씬 중요한 몇몇 조직을 생각해볼 때도 상황은 이 점에서 별반 다르지 않다. 따라서 노동조합이 정당과 달리 어쨌든 '시민사회'에만 속하는 것으로, 그리고 그 덕분에 노동조합들이 심대한 사회주의 변혁을 위해 정치적 국가에 대항하여 동원될 수 있는 것으로 여기는 것은 낭만적인 희망적 사고에 지나지 않는다. 왜냐하면 실제로 자본의 제도 영역은 (깊이 상호침투하고 강력하게 서로를 지탱하는) 시민사회와 정치적 국가의 **상호적 총체화**에 의해 만들어지기 때문이다. 조직 영역에서도 정치 차원과 물질적 재생산 차원의 통일을 실현할 것을 완강하게 추구하지 않고는 사회주의 변혁의 현실주의적 전략은 있을 수 없다. (지난 130년의 과정에서 노동운동의 다수파가 의회 지배를 받아들임으로써 각각의 자본주의적 외피하에서 따로 쪼개진) 노동의 '**산업적 날개**'(노동조합 자신)와 그 '**정치적 날개**'(의회 정당)의 숙명적 분리를 극복하려는 의식적인 노력에서 실제로 노동조합의 거대한 해방적 잠재력은 바로 급진적인 정치적 역할 — 대체로 지금 그들이 떠맡는 경향이 있는 보수적인 정치적 역할을 훨씬 뛰어넘는 — 을 (적어도 원칙적으로) 떠맡을 그들의 역량에 있다.[10]

역사 무대에 노동계급이 출현한 것은, 최초의 조직된 노동세력이 자신의 계급이익을 공공연히 주장하기 훨씬 전에 구성된 의회 시스템에 대한 하나의 **불편한 사후 약방문**에 지나지 않았다. 자본의 관점에서 그런 불편하지만, 성장하고 있는 '성가신 존재'에 대한 즉각적인 대응은 관련 정치집단에

---

10 이 문제에 관해서는 *Beyond Capital*, Chapter 18뿐 아니라, *The Challenge and Burden of Historical Time*, Chapter 4.3 "Historical Challenges Facing the Socialist Movement"[이 책의 전체 버전 『역사적 시간의 도전과 책무』 제4장 3절 「사회주의 운동이 직면한 역사적 도전들」: 역주]를 참조하라.

대한 (유지될 수 없는) 거부와 배제였다. 그러나 나중에 몇몇 방식으로 노동세력을 길들이겠다는 훨씬 더 융통성 있는 생각이 뒤따랐다. 즉 처음에는 상대적으로 진보적인 부르주아 정당들이 노동계급의 일부 요구를 온정주의적으로 의회에서 후견하는 방식으로 노동세력을 길들였다. 그리고 훨씬 더 나중에는, 물론 노동세력에게 '의회 게임의 민주적 규칙'을 따를 것을 강요하는 엄격히 제한된 형태이지만, 몇몇 합법적인 노동계급 정당이 의회에 진출하는 것을 수용하는 방식으로 노동세력을 길들였다. 이것은 불가피하게 그런 노동계급 정당들에게는 그들 자신의 효과적인 적응에 대해 '자유롭게 동의하는 것'에 다름 아님을 의미했다. 비록 때가 무르익었을 때 그들이 의회활동을 통해 자신에게 유리하게 상황을 급진적으로 시정할 수 있으리라는 환상을 꽤 오랫동안 유지할 수 있었다 하더라도 그러했다.

이것이 최초의 그리고 잠재적으로 대안적인 초의회적 노동세력이 영구히 불리한 조건에 놓인 의회 조직체로 변질되었던 방식이다. 비록 이런 발전 경로가 시초始初에 조직된 노동의 명백한 허약함을 통해 설명될 수 있다 하더라도, 실제로 일어났던 일을 이런 방식으로 주장하고 정당화하는 것은 단지 사회민주주의적 의회의 막다른 골목을 편들어 논점을 교묘하게 회피하는 것이다. 왜냐하면 의회 외부에서 스스로를 조직하고 관철하는 노동계급 세력들이 세력을 획득한다고 하는 급진적 대안, 즉 '세력의 획득'을 명분으로 노동계급의 공민권을 완전히 박탈하는 데서 그 절정에 달했던 수십 년 동안 추종된 전략과 대비되는 대안은, 마치 진정으로 급진적인 대안은 선험적으로 불가능한 것처럼 그렇게 쉽게 기각될 수 없기 때문이다. 특히 지속 가능한 초의회 활동의 필요는 근본적으로 재구성된 사회주의 운동의 미래에 절대적으로 사활적이기 때문이다.

　의회정치의 형식적·법적 틀과 그에 상응하는 제약 내에서 우리 사회질서의 심각한 문제들의 지속 가능한 해법을 상정하는 것의 비현실성은, 시민사회와 정치적 국가의 이원론을 주장하는 모든 변종으로 표현되는 바와 같이, 자본 지배의 구조적 규정들에 대한 기본적인 오해에서 비롯된다. 의회 틀 내에서는 극복할 수 없는 난점難點은, 자본이 사회신진대사의 모든 핵심 측면을 실제로 통제하고 있기 때문에 자본은 분리되어 구성된 정치적 정당화正當化 영역을 엄격히 형식적이고 법적인 문제로 규정할 여유가 있고, 그리하여 자신의 실질적인 사회경제적 재생산 운용 영역에서 합법적으로 도전당할 가능성을 필연적으로 배제한다는 점이다. 직접적으로든 간접적으로든, 자본은 의회 입법과정을 포함하여 모든 것을 통제한다. 입법과정에 참여하는 모든 정치세력의 '민주적 평등'이 실재하는 것처럼 거짓으로 꾸미는 수많은 이론에서는 입법과정이 자본으로부터 완전히 독립된 것처럼 되어 있다 하더라도 그러하다. 이제 모든 영역에서 자본 세력이 완전히 지배하고 있는 우리 사회에서 매우 다른 의사결정권 관계를 구상하기 위해서는 사회신진대사 재생산의 전반적 통제자인 자본 자체에 대해 근본적으로 도전할 필요가 있다.

　기존 정치 시스템의 주변부에서 의미 있는 변화를 추구하는 모든 사람에게 이 문제를 더욱 악화시킨 것은, 기존 정치 시스템이 그 자체가 현재 기능하고 있는 양식 —물질적 재생산의 실상實狀이 역사적으로 전도되게 구성된 것에 기초하고 있는— 에서 진정한 입헌立憲적 정당성을 제 스스로 확보할 수 있는 점이다. 왜냐하면 자본가들이 '자본의 인격화'일 뿐 아니라 동시에 '노동의 사회적 성격의 인격화, 즉 총 작업장 자체의 인격화'[11]로도 기능하는 한, 정치 시스템은 (모두의 이해관계를 통합하고, 개인의 지속적인 실존의 토대로서 개인과 대면하는) 사회의 필수적인 생산력을 대표한다고 주장할 수 있기 때문이다. 이런 식으로 자본은 사회 재생산의 객관적으로 주어진 필요조건이라는 자격으로, 그리고 따라서 그 자신의 정치질서에 대한 입헌적 토대라는 자격으로 실질적인 사회권력으로뿐 아니라 **법률상의 사회권력으로도** 나타난다. 자본의 입헌적 정당성이 생산자로부터 사회신진대사 재생산 조건, 즉 노동수단과 노동재료의 무자비한 수탈에 역사적으로 기초하고 있다는 사실, 또한 그러므로 자본이 주장하는 '합헌성'은 (모든 헌법의 기원처럼) 비입헌적이라는 사실은 먼 과거의 안개 속으로 사라져버린 불쾌한 진실이다. "노동의 **사회적 생산력**, 또는 **사회적 노동의 생산력**은 처음에 특수한 자본주의 생산양식과 함께 역사적으로 발달하고, 따라서 자본관계에 내재적이고 그로부터 분리할 수 없는 어떤 것으로 나타난다."[12]

이것이 자본의 사회신진대사 재생산양식이 법적으로 도전할 수 없는 시스템으로 영구화되고 정당화되는 방식이다. 정당성 경합은 변경 불가능한 전반적 구조의 몇몇 사소한 측면에 대해서만 인정된다. 사회경제적 재생산 측면의 실상 — 즉 노동 생산력의 실제적 발휘와 자본 자신의 재생산을 확보하

---

11 *Economic Manuscripts of 1861-63*(『1861~1863년 경제학 수고』) in Marx and Engels, *Collected Works*, vol.34(London: Lawrence and Wishart, 1994), p.457. 여기에 추가되어야 할 또 다른 중요한 단서는 다음과 같다. "생산적 노동 ── 가치를 생산하는 ── 은 항상 자본을 고립된 노동자의 노동으로 대면한다. 그 노동자들이 생산과정에서 어떠한 사회적 결합에 들어가더라도 그러하다. 그리하여 자본이 노동자에 대해 노동의 사회적 생산력을 나타내는 반면에, 생산적 노동은 항상 자본에 대해 고립된 노동자의 노동만을 나타낸다"(같은 책, p.460).

12 같은 책, p.456.

는 데 그것의 절대적 필요성 — 은 시야에서 사라진다. 이는 부분적으로는 합법적인 것과는 전혀 거리가 먼 자본의 '시초축적'의 역사적 기원과 그에 동반하는, 그 시스템의 현존 기능양식의 전제조건인 — 종종 폭력적인 — 소유의 수탈 등에 대한 무지 때문이다. 또한 부분적으로는 기존의 생산·분배 관계의 신비화된 성격 때문이다. 마르크스는 이렇게 말한다.

> 객관적 노동조건이 노동자에게 포섭된 것으로 나타나지 않는다. 오히려 노동자가 노동조건들에 포섭된 것으로 나타난다. 자본이 노동을 고용한다. 이 단순한 관계조차 사물의 인격화와 인간의 물화物化이다.[13]

이 가운데 어느 것도 의회의 정치개혁 틀 내에서는 도전받거나 치유될 수 없다. 정치적 법령에 따라 '사물의 인격화와 인간의 물화'를 폐지할 것을 기대하는 것은 매우 어리석은 일이고, 마찬가지로 자본의 정치제도 틀 내에서 그러한 의도를 가진 개혁의 선언을 기대하는 것도 어리석다. 왜냐하면 자본 시스템은 인간과 사물 사이의 관계를 사악하게 전복하지 않고는 기능할 수 없기 때문이다. 즉 자본의 소외되고 물화된 권력이 인민대중을 지배한다. 마찬가지로, 만약 노동과정에서 '고립된 노동자'로서 자본을 대면하는 노동자들이 몇몇 정치적 법령에 의해 또는 심지어 자본의 사회신진대사 통제 질서하에서 제정된 모든 일련의 의회 개혁에 의해 그들 노동의 사회적 생산력에 대한 지배를 재획득할 수 있다면 그것은 기적일 것이다. 왜냐하면 이 문제에서 '양자택일'의 물질적 이해관계를 둘러싼 화해할 수

---

13 같은 책, p.457.

없는 갈등을 피할 방법이 있을 수 없기 때문이다.

자본은 노동에게 유리하게 자신이 강탈한 사회적 생산력을 포기할 수도 없고, 몇몇 희망적인 그러나 전혀 허구적인 '정치적 타협' 덕분에 그것을 노동과 함께 나눌 수도 없다. 왜냐하면 자본의 사회적 생산력은 '사회에 대한 부富의 지배' 형태로 사회의 재생산에 대한 전반적 통제력을 구성하기 때문이다. 그리하여 기본적인 사회신진대사 영역에서 엄밀한 양자택일 논리를 벗어나는 것은 불가능하다. 왜냐하면 자본의 형상을 한 부富가 인류사회를 계속 지배하여 자기파괴 직전까지 몰아가거나, 아니면 연합한 생산자들의 사회가 개별 — 그러나 더는 고립되지 않은 — 성원의 자기 결정에 의한 사회적 노동에서 생겨나는 생산력과 함께 소외되고 물화된 부를 지배하는 것을 배우거나 하는 둘 중 하나이기 때문이다.

자본은 최고의 초의회 세력이다. 그것은 어떤 경우에도 자신의 사회신진대사 통제권에서 의회에 의해 정치적으로 구속될 수 없다. 이런 까닭에, 자본의 기능양식과 양립할 수 있는 유일한 정치적 대표양식은 자본의 물질적 권력을 다룰 가능성을 효과적으로 부정한다. 그리고 바로 자본이 최고의 초의회 세력이기 때문에, 자본은 자신의 의회정치 틀 내에서 제정될 수 있는 개혁에 대해 전혀 두려울 게 없다.

만사가 달려 있는 핵심 문제가 "객관적 노동조건이 노동자에게 포섭된 것으로 나타나지 않고" 반대로 "노동자가 객관적 노동조건에 포섭된 것으로 나타나기" 때문에, 자본의 초의회적 권력과 행동양식에 필적할 수 있는 정치형태와 물질적 재생산 영역 양자 모두에서 이 문제를 다루지 않고는 어떤 의미 있는 변화도 실행 가능하지 않다. 그리하여 지속 가능한 방식으로 자본 권력에 영향을 미칠 수 있는 유일한 도전은 의회 입법에 대한 제도적으로 합법적인 정치활동의 완곡한 제한에 의해 절망적으로 구속되는 대신에, 시스템의 핵심 생산기능을 떠맡는 것과 모든 영역에서 상응하는 정치적 의사결정 과정에 대한 통제를 획득하는 것을 동시에 목표로 삼는 것이다.[14]

지난 수십 년의 정치논쟁에서 예전에 좌파였던 정치인들과 이제는 완전히 순응적인 정당들에 대한 비판이 많았다. 그러나 그런 논쟁에서 문제가 되는 것은, 그 논쟁이 개인적 야심과 실패의 역할을 지나치게 강조함으로써 그 비판된 '개인적 배신'과 고통스런 '정당의 탈선'을 실제로 크게 촉진한 동일한 정치제도 틀 내에서 그 상황을 치유할 것을 종종 계속 구상한다는 점이다. 그러나 불행히도 그렇게 주장되고 희망된 인적 교체와 정권 교체가 동일한 통탄할 결과를 재생산하는 경향이 있다.

이 모두는 그리 놀랍지 않다. 현재의 기성 정치제도가 개선을 위한 중요한 변화에 성공적으로 저항하는 이유는 정치제도 자체가 해법의 일부가 아니라 문제의 일부이기 때문이다. 왜냐하면 그 내재적인 성격에서 정치제도는 (근대 자본주의 국가가 — 관료적 구성원들의 편재하는 네트워크와 더불어 — 지난 400년 동안 그것들을 통해 표출되고 안정화되었던 바의) 근원적인 구조적 규정과 모순의 구현물이기 때문이다. 당연히, 국가는 일방적인 기계적 결과로서 형성되었던 것이 아니라 자본의 역사적 전개의 물적 기반에 대한 국가의 필연적인 호혜적 상호관계를 통해서 그 물적 기반에 의해 그 형태가 구성되었던 것이고, 그뿐 아니라 일반적인, 그리고 바로 그 상호관계를 통해 또한 변화하는 상황에서 역사적으로 실행 가능한 만큼 능동적으로 그 물적 기반의 형태를 구성하기도 했다.

---

14 *Beyond Capital,* Chapter 18.4, "The Need to Counter Captal's Extra-Parliamentary Force"(pp.734~735).

자본의 생산 소小우주들이 극복할 수 없는 원심력적 규정하에서, 거대한 준準독점적 초국적기업의 수준에서조차 근대국가만이 자본 시스템의 전반적 명령구조로서 요구되는 기능을 떠맡고 완수할 수 있다. 그것은 불가피하게 생산자로부터 전반적 의사결정권을 완전히 소외시키는 것을 의미했다. '자본의 특정 인격화'조차 그런 시스템의 구조적 명령에 부합하게 행동하도록 엄격히 요구되었다. 실제로 자본 시스템의 물적 기반 위에 구성된 근대국가는 포괄적 의사결정권과 관련해서는 소외의 패러다임이다. 그러므로 자본주의 국가가 의회의 입법적 틀 내에서 작동하는 어떤 경쟁 행위자에게 소외된 체계적 의사결정권을 기꺼이 넘겨줄 수 있다고 상상하는 것은 극히 순진한 생각이다.

　그래서 의미 있고 역사적으로 지속 가능한 사회 변화를 구상하려면, 단순히 몇몇 우연적이고 제한된 정치적 관행이 아니라 전체 시스템의 물질 재생산적 상호규정과 정치적 상호규정 양자에 대해 근본적으로 비판할 필요가 있다. 물질 재생산적 규정과 국가의 포괄적인 정치적 명령구조가 함께 결합된 총체성이 자본 시스템의 압도적인 현실을 구성한다. 이런 의미에서 사회경제적 재생산과 국가, 양자와 관련하여 체계적 규정의 도전에서 생겨나는 피할 수 없는 문제 때문에, 포괄적인 정치변혁 ― (그것 없이는 광범위하고 영속적인 정치 변화를 상상할 수 없는) 사회의 핵심 생산기능들의 의미 있는 발휘와 긴밀히 관련한 ― 의 필요성은 국가의 사멸로 특징화된 문제와 분리할 수 없게 된다. 따라서 '국가의 사멸'을 달성하는 역사적 과업에서 전면 참여를 통한 자주관리와, 긍정적인 실질적 의사결정 형태를 통한 영구히 지속 가능한 의회주의의 극복은 서로 분리할 수 없다.

　이것이 핵심 관심사다. 이는 몇몇 사람들이 불신하고 기각하려 했던 바와 같이, '마르크스의 실현할 수 없는 꿈에 대한 낭만적인 충실함'이 아니다. 실제로 '국가의 사멸'은 신비스럽거나 아득한 어떤 것이 아니라, 우리 자신의 역사적 시간에 곧바로 시작되어야 할 완벽하게 현실적인 과정을 나타낸다. 쉽게 말하자면, 그것은 진정한 사회주의 사회로 이행하는 기획을 추진하고 있는 개인이 소외된 정치적 의사결정권을 점진적으로 환수하는 것을 의미한다. 자본주의 국가뿐 아니라 구조적으로 잘 정착된 물질적 재생산 관행의 무력화하는 관성에 기본적으로 대립하는, 이 정치적 의사결정권의 환수 없이는 개인에 의한 사회 전체에 대한 새로운 정치적 통제양식도 생각할 수 없고, 또한 자유롭게 연합한 생산자들의 자주관리에 의한 특정 생산·분배 단위들의 (비적대적이고 그리하여 응집력 있고 계획 가능한) 일상 운영도 실제로 생각할 수 없다. 적대성을 근본적으로 폐기하는 것과 그리하여 전 지구적으로 실행 가능한 계획의 물질적·정치적 기반을 확보하는 것 ─ 개별 성원들의 잠재적으로 풍요로운 자기실현은 말할 것도 없고, 바로 인류의 생존을 위해 절대적으로 필수적인 것 ─ 은 지속적인 역사적 사업으로서의 국가의 사멸과 아주 밀접한 관계에 있다.

7.6

이런 규모의 변혁은 명백히 모든 역경에 맞서 지속될 수 있는 가장 도전적인 역사적 과업에 대한 혁명운동의 의식적인 헌신 없이는 성취될 수 없다. 왜냐하면 이 역사적 과업에 착수하는 것은 자본 시스템의 모든 주요 세력들의 날카로운 적의敵意를 불러일으키게 되기 때문이다. 이런 까닭에, 문제의 운동은 단순히 의회의 양보를 획득하는 것을 지향하는 정당일 수 없다. 의회 양보는 의회에서도 역시 지배적인 기존 질서의 초의회적 기득권에 의해 머지않아 무효화되는 것으로 대체로 판명되었다. 사회주의 운동이 지방적·전국적·전 지구적/국제적인 모든 정치적·사회적 투쟁 형태에서 의식적으로 능동적인 혁명적 대중운동으로, 즉 한계가 있겠지만 활용 가능할 때에는 의회의 기회를 충분히 활용하면서 무엇보다도 대담한 초의회적 행동이라는 필수적 요구를 주장하는 것을 회피하지 않는 대중운동으로 다시 표출되지 않는다면, 사회주의 운동은 자본 시스템의 주요 세력들의 적의에 직면하여 성공할 수 없다.

이 운동의 발전은 현재의 역사적 국면에서 인류의 미래를 위해 매우 중요하다. 왜냐하면 전략적 지향을 가진 지속적인 초의회적 도전 없이는 정부를 번갈아 맡는 정당들이 시스템의 필연적인 구조적 실패에 대한 편리한 서로의 알리바이로서, 노동에 대해 계속 기능할 수 있고, 그리하여 계급적대의 역할을 (자본의 의회 시스템에서 불편하지만 주변적인 추가부분으로서의) 계급적대의 현재 지위로 효과적으로 제한할 수 있기 때문이다. 그리하여 물질적 재생산 영역과 정치 영역 모두와 관련하여, 전략적으로 실행 가능한 사회주의 초의회적 대중운동 — 그러한 초의회 세력들의 압력과 지지의 급진화를 몹시 필요로 하는, (지금은 절망적으로 탈선한) 전통적 형태의 노동 정치조직들과 협력하는 — 의 구성은 막강한 자본의 초의회 권력에 맞설 핵심적 전제조건이다.

혁명적 초의회 운동의 역할은 이중적이다. 한편으로, 그것은 노동의 전략적 이해관계를 포괄적인 사회신진대사 대안으로 공식화하고, 조직적으로 방어해야 한다. 그런 역할의 성공은 조직된 노동세력이, 개량주의적이었던 과거 주요 국면에서 항상 일어났던 바와 같이, 위기 시기에 자본의 재안정화를 돕는 대신에 사회경제적 과정에서 자본관계와 그에 동반하는 노동의 예속으로 표현되는 기존 물질적 재생산 질서의 구조적 규정에 의식적으로 대항하고, 그 구조적 규정을 실제로 강력하게 부정할 때에만 실현될 수 있다. 동시에 다른 한편으로, 지금 의회를 지배하고 있는 (공개되거나 은폐된) 자본의 정치권력은, 초의회적 행동 형태가 입법부와 행정부에 대해 행사할 수 있는 압력을 통해 비록 제한적일지라도 도전받아야 하고, 도전받을 수도 있다.

초의회적 행동이 자본의 중심 측면과 체계적 규정을 의식적으로 제기하고, (자본의 중심 측면들과 체계적 규정이 그것을 통해 사회를 지배하는 바의) 물신숭배적 외양들의 미로를 빠져나갈 때에만 초의회적 행동은 효과적일 수 있다. 왜냐하면 기존 질서는 주로 (자본주의 사회에서 헤게모니적 대안 계급의 실제적 생산관계의 신비화하는 전도顚倒의 기초 위에서 영속화되는) 자본관계로, 그리고 자본관계를 통해서 자신의 권력을 물질적으로 관철하기 때문이다. 이미 말했듯이, 이런 전도는 자본이 (사람들을 당혹케 하는) '사물의 인격화와 인간의 물화' 덕분에 '생산자' — 마르크스의 말로 표현하면, '노동을 고용하는' — 역할을 강탈할 수 있게 해주고, 그리하여 '모두의 이익'을 실현하기 위한 변경 불가능한 전제조건으로 스스로를 정당화한다. 비록 '모두의 이익' 개념이 지금 '정의와 평등'이라는 형식적·법적 겉치레에 의해 압도적 다수의 인민에 대한 그 개념의 중요성을 총체적으로 부정하는 것을 감추는 데 기만적으로 사용될지라도, '모두의 이익' 개념이 실제로 중요하기 때문에 포괄적인 자본관계 자체를 근본적으로 극복하지 않고는 기존 사회질서에 대한 의미 있고 역사적으로 지속 가능한 대안은 있을 수 없다. 이 체계적 요구는 연기될 수 없다. 만약 부분적 요구가 문제의 핵심인 자본관계 극복이라는 절대적으로 기본적인 요구에 대해 직·간접적인 관계가 있다면, 사회주의자들은 그 부분적 요구를 주창할 수 있고 주창해야 한다.

이런 요구는 자본의 충직한 이데올로그나 정치인이 현재 반대세력에게 허용해주는 것과 날카롭게 대비된다. 심지어 노동의 중요한 부분적 요구들의 가능성을 배제하는 그들의 주요 기준은 노동의 부분적 요구들이 시스템의 안정성에 부정적으로 영향을 미칠 잠재력을 갖고 있는지 여부이다. 그리하여 예를 들면 지방의 '정치적 동기를 가진 노동쟁의 행위'조차 '민주사회에서' 무조건 배제된다(심지어 불법화된다). 왜냐하면 지방의 정치적 동기를 가진 노동쟁의행위의 실행이 시스템의 정상적 기능에 부정적인 함의를 가질지 모르기 때문이다. 이와는 달리 개량주의 정당의 역할은 환영받는다. 왜냐하면 그들의 요구는 어려운 시기에, ('허리띠를 졸라맬 필요성'이라는 슬로건과 함께) 임금을 억제하는 노사관계 개입과 노조를 억압하는 정치적·입법적 협약을 통해 시스템을 재안정화하는 것을 돕고, 그리하여 자본 확장 갱신의 역동성에 기여하거나 아니면 비록 개량주의 정당들의 요구가 처음 공식화된 그 순간은 아닐지라도 미래의 일정 시점에 '정상성'이라는 규정된 틀 내로 통합될 수 있다는 의미에서 최소한 '중립적'이기 때문이다.

자본 시스템의 혁명적 부정은 전략적으로 지속적이고 의식적인 조직적 개입을 통해서만 생각할 수 있다. 분파주의적 억측에 의한 '자발성'에 대한 의도적인 일방적 기각이 마땅히 비판받아야 하는 반면, 혁명적 의식의 중요성과 혁명적 의식화의 조직적 필요조건을 과소평가하는 것도 그에 못지 않게 해롭다. 이탈리아와 프랑스 공산당처럼 한때는 레닌주의적이고 혁명적인 목표를 공언했던 제3인터내셔널의 일부 주요 정당의 역사적 실패가 (우리 사회의 핵심적인 사회주의 변혁이 그것을 통해 미래에 성취될 수 있는) 그러한 정치조직을 훨씬 더 확고한 기반 위에서 재창설하는 것의 중요성을 외면하게 해서는 안 된다. 무엇이 잘못되었는가에 대한 강력한 비판적 평가는 명백히 이런 갱신 과정의 중요한 일부이다. 지금 당장 너무나 분명한 것은 의회 함정의 위험한 비탈길 위에 서 있는 그러한 정당들의 해체적 몰락이 미래에 중요한 교훈을 던져준다는 점이다.

두 가지 포괄적인 사회신진대사 통제양식만이 오늘날 실행 가능하다. 그 하나는 '자본의 인격화'가 무슨 수를 써서라도 부과하는 자본의 계급착취적 재생산 질서이다. 자본의 이 재생산 질서는 우리 시대에 인류의 기대를 참담하게 저버렸고, 자기파괴 직전까지 몰아붙였다. 그리고 또 다른 질서는 기존 질서에 정면으로 대립되는 것으로, 하나의 특정 계급으로서의 노동이 아니라 사회의 모든 개인의 **보편적 존재조건으로서의** 노동의 사회신진대사 헤게모니적 대안이다. 그것은, 자본의 통제할 수 없는 사회신진대사 통제양식이 바로 지금 실행에 관여되고 있음에 따라 자연을 파괴하고 그리하여 또한 개인 자신들도 파괴하는 대신에, 개인의 생산적인 인간성과 지적 잠재력을 자연 질서의 신진대사적 필요조건들과 조화롭게 전면적으로 발달시키는 것을 가능케 하는 '**실질적 평등**'의 기초 위에서 개인에 의해 운영되는 사회이다. 이것이, 자본의 구조적 위기의 현재 조건에서 자본의 지배에 대한 포괄적인 헤게모니적 대안, 즉 특정하지만 무시할 수 없는 즉각적 요구와 체계적 변혁의 포괄적 목표의 변증법적 상호 보완성이라는 대안만이 전 세계에서 의식적인 혁명적 조직운동의 타당한 프로그램을 구성할 수 있는 까닭이다.

의식적으로 조직된 혁명운동이 초의회적 자본 권력이 지배하는 의회라는 제한된 정치 틀 내로 억제될 수 없다는 것은 분명하다. 또한 그것은 이기적인 분파주의적 조직으로서도 결코 성공할 수 없다. 의식적으로 조직된 혁명운동은 두 개의 핵심적 지향원리를 통해 성공적으로 정의될 수 있다. 첫째 원리는 방금 말한 대로, 기본적인 체계적 변혁을 확보할 포괄적인 헤게모니적 대안 목표를 지향하는 혁명운동 자신의 초의회적 프로그램을 정교화하는 것이다. 둘째는 전략적인 조직적 조건에서 똑같이 중요한 것으로, (국가의 사멸 방향으로의 주요한 진전으로서, 입법과정 역시 질적인 방식으로 변화시킬 수 있는 혁명적 대안의 담지자인) 필수적인 초의회적 대중운동의 구성에 혁명운동이 능동적으로 개입하는 것이다. 인민의 대다수를 또한 직접 참여시키는 이런 조직적 발전을 통해서만, 포괄적인 사회주의적 해방을 위해 노동의 헤게모니적 대안의 수립이라는 역사적 과업을 실현하는 것을 상상할 수 있다.

8. 교육: 사회주의 의식의 지속적인 발전

8.1

충분히 지속 가능한 사회주의 변혁을 확고히 다지는 데서 교육의 역할은 더할 나위 없이 크다. 여기서 말하는 교육관, 즉 개인의 일생에서 엄격히 제한된 기간으로 구상된 것이 아니라 사회 전반에서 사회주의 의식의 지속적인 발전으로 구상된 교육은 선진 자본주의하에서 지배적인 교육 관행으로부터 근본적으로 결별함을 분명히 한다. 이 교육관은 물론 먼 옛날에 주창된 위대한 교육적 이상理想을 역사 발전에 부합하게 확장하고, 근본적으로 변혁한 것으로 이해된다. 왜냐하면 이들 교육적 이상은 시간이 지남에 따라 서서히 침식되었을 뿐 아니라, 점차 더욱 속박해오는 자본 확장과 이윤 극대화의 이해관계에 문화 발전 전체가 예속되고 인간 소외가 갈수록 깊어지는 데 영향을 받아 결국 완전히 소멸되었기 때문이다.

16세기의 ᐟ파라셀수스뿐 아니라 18세기 말과 19세기 초 수십 년의 괴테와 ᐟ실러[1]조차도 아직 개인을 일생 동안 인도하고 인간적으로 풍부하게 해

---

1   *The Challenge and Burden of Historical Time*, Chapter 8[이 책의 전체 버전『역사적 시간의 도전과 책무』제8장: 역주]와 Mészáros, *Marx's Theory of Alienation* (London: The Merlin Press, 1970), Chapter 10 참조.

➤ **파라셀수스**Paracelsus(1493~1541)　스위스의 의학자·화학자. 학문세계의 중세적 풍습 타파에 주력했다. 의학 속에 화학적 개념을 도입하는 데 힘써서 '의화학'의 원조가 되었다.

➤ **실러**Schiller(1759~1805)　독일의 시인·극작가. 독일의 국민시인으로서 괴테와 더불어 독일 고전주의 문학의 2대 거성으로 추앙받는다.

➤ **공리주의**功利主義　19세기 중반 영국에서 나타난 사회사상으로, 가치 판단의 기준을 효용과 행복의 증진에 두어 '최대 다수의 최대 행복' 실현을 윤리적 행위의 목적으로 보았다. 넓은 의미에서 공리주의는 효용·행복 등 쾌락에 최대의 가치를 두는 철학·사상적 경향을 통칭한다. 고유한 의미에서의 공리주의는 19세기 영국에서 제러미 벤담Jeremy Bentham(1748~1832), 제임스 밀James Mill (1773~1836), 존 스튜어트 밀John Stuart Mill(1806~1873) 등을 중심으로 전개된 사회사상을 가리킨다.

줄 수 있는 교육적 이상을 신봉했다. 그와 대조적으로, 19세기 후반은 이미 ➤공리주의의 승리가 뚜렷해졌고, 20세기 역시 교육 영역에서 '도구적 합리성'이라는 매우 편협한 개념에 전적으로 투항했다. 자본주의 사회가 '선진화'되면 될수록, 그 자체가 목적인 물화된 부富의 생산에 관해, 그리고 상품 사회의 영구화를 위해 (국가가 강력한 이데올로기적 열의를 가지고 장려한 '사유화' 형태로) 유치원부터 대학까지 모든 수준의 교육기관을 착취하는 것에 대해, 자본주의 사회는 더욱더 일방적으로 되었다.

　이런 발전과 병행하여, 시스템의 매우 궤변적인 이데올로그에 의해 '과학적 객관성'과 '가치중립성'의 이름으로 변경 불가능한 '자연 질서'로 합리화되고 정당화된 자본의 사회 질서의 가치로 압도적 다수의 인민이 세뇌되었다는 것은 놀라운 일이 아니다. 일상생활의 실제 조건은 자본주의 풍조 ethos에 완전히 지배되었고, 그래서 개인이 비록 임금노예의 가혹한 곤경을 벗어날 수 없을지라도 구조적으로 확보된 규정으로서 자본주의 풍조에 자신의 열망을 맞추라는 명령에 복종하도록 되었다. 그리하여 선진자본주의는 제도화된 교육기간을 개인의 일생에서 경제적 편의로 설정된 몇 년으로 제한함으로써 자기 용무[임금노예를 착취하는 것: 역주]를 안전하게 명령할 수 있었고, 심지어 차별적이고 엘리트주의적 방식으로 그렇게 했다. 자본주의적 일상생활의 '정상성'이라는 객관적인 구조적 규정은 제도교육을 제외한 나머지를 성공적으로 완수해냈다. 즉 지배적인 사회적 풍조를 당연시하도록 지속적으로 인민을 '교육하고', 그리하여 기존 '자연 질서'[자본의 사회질서를 의미: 역주]는 변경 불가능하다는 선언을 '합의合意에 의해' 내면화시켰다. 칸트의 '도덕교육'과 실러의 '미적美的 교육'이라는 최상의 이상조차도 실현될 수 없는 교육적 유토피아 영역에 영원히 머무르도록 운명 지어졌던 이유가 바로 이것이다. 칸트와 실러는 '도덕교육'과 '미적 교육'을 비인간적 소외 추세의 심화에 대한 필수적이고 실행 가능한 해독제, 즉 자신의 사적私的 삶에서 도덕적인 개인이 비판했던 추세에 대항한 해독제로 쓰려고 했다. 그 이상理想은 자본의 궁극적으로 파괴적인 자기확장 명령을 성공적으로 부과하려는 세력이 만들어낸 무미건조한 현실에 전혀 맞수가 될 수 없었다. 왜냐하면 포괄적인 소외의 사회경제 추세는 계몽시대의 가장 고상한 이상조차 흔적도 없이 소멸시킬 만큼 강력했기 때문이다.

이런 의미에서 제도화된 교육기간은 자본주의하에서 개인의 일생에서 상대적으로 국한된 몇 년으로 제한되지만, 사회의 이데올로기적 지배는 그들의 전 생애에 걸쳐 이루어진다는 것을 알 수 있다. 비록 많은 경우에 그러한 지배는 공개적인 교조적 가치선호를 전제할 필요는 없더라도 그러하다. 또한 그것은 사회 전반에 대한, 그리고 동시에 사회의 편의상 고립된 개인에 대한 자본의 이데올로기적 지배 문제를 훨씬 더 치명적인 것으로 만든다. 특정한 개인이 그러한 이데올로기적 지배를 자각하든 않든, 그들은 그들 사회에서 눈곱만큼의 '가치중립적 기반'도 발견할 수 없다. 노골적인 이데올로기적 세뇌가 기만적으로 그들에게 정반대로 설득시킬지라도 말이다. 즉 특정한 개인이 점점 더 독점적으로 통제되는 슈퍼마켓에서 '주권이 있는 선택'에 기초하여 구매된 자본주의적으로 생산된 상품의 '주권이 있는 소비자'로 간주됨에 따라, 그들은 일반적으로 가치를 선택하는 데서 완전히 주권이 있다고 이데올로기가 거짓으로 세뇌한다. 그리고 개인이 '자율적으로' 그러한 기만에 관계하도록 유도한다. 이 모두는 자본주의 교육의 필수적 일부이고, 이 자본주의 교육을 통해 당연한 일로서 특정 개인은 도처에서 매일 상품사회의 가치에 흠뻑 젖어든다.

그리하여 자본주의 사회는 지속적인 교육체계뿐 아니라, 동시에 영구적 세뇌체계를 강력하게 구축하고 있다. '합의에 의해 내면화된' 지배 이데올로기는 광범위한 세뇌를 (기존의 전혀 객관화할 수 없는) '자유사회'라는 합법적으로 공유한 긍정적 신념체계로 간주하기 때문에 광범위한 세뇌는 결코 세뇌가 아닌 것처럼 나타날지라도 말이다. 자본 시스템의 지속적인 교육의 핵심이 기존 질서 자체는 어떤 중대한 변화도 필요로 하지 않는다는 주장이라는 점은 사태를 더욱 악화시킨다. 자본 시스템은 자신의 여백에 '미세조정'만을 필요로 하고, 이는 '점진적으로'라는 이상화된 방법론을 통해 이루어져야 한다. 따라서 기존 질서의 지속적인 교육이 지닌 매우 심오한 의의 意義는 기존 질서의 근본적인 구조적 규정들의 절대적인 변경 불가능성에 대한 신념을 임의로 부과하는 것에 있다.

의무교육에 값하는 교육의 참된 의의는 개인이 가장 혹독한 환경에서도 창조하고야 마는 사회조건의 역사적 변화라는 도전에 부응하게 하는 것이기 때문에, 무슨 수를 써서라도 기존 질서를 무비판적으로 보존하려고 하는 교육체계는 모두 매우 곡해된 교육적 이상이나 가치와만 양립할 수 있다. 칸트와 실러의 관점처럼 아직 고상한 **교육적 유토피아**가 만들어질 수 있었던 자본주의 변혁의 상승 국면인 계몽시대와 달리, (20세기에 독점과 제국주의의 발달, 그리고 그것이 21세기로 확장됨이 초래한 끝없는 파괴에 대한 변호론에서 그 절정에 달한) 자본 역사의 하강 국면이 반反가치에 대한 가장 호전적이고 냉소적인 숭배와 더불어 예전에는 생각할 수 없던 교육의 위기를 동반할 수밖에 없었던 이유가 바로 이것이다. 이 반가치의 숭배에는 우리 시대에 인종적 우월주의의 거짓, 심지어 핵무기를 전혀 보유하지 않은 나라에도 '예방적·선제적으로 핵무기를 사용할 도덕적 권리'라는 끔찍스런 추정推定을 하는 것, 그리고 불가피하게 파괴적일지라도 이른바 더 '인간적'이라고 일컬어지는 '자유주의적 제국주의'의 매우 위선적인 정당화 등이 포함된다. 이 새로운 제국주의는 정당하고 우리의 '탈근대 조건'에 적절하다고 이야기된다. 탈근대 이론은 고전적 제국주의의 불명예스런 붕괴 뒤에 '전前근대 – 근대 – 탈脫근대'라는 기괴한 도식으로 지적知的으로 그럴싸하게 치장된 이론이다. 이것이 오늘날 자본이 천거한 고위 관료들과 정당의 정책입안자들이 매우 진지하게 주장하고, 독단적으로 선고한 ▶'실패한 국가'와 이른바 ▶'악의 축'에 부과할 필요가 있는 전략으로 입안되고 있는 것이다.

　이런 이념이 우리 자신의 역사적 조건에 적합한 전략적 지향원리와 가치로 상정되고 있다. 이런 이념이 전반적인 매개변수를 설정할 것이다. 그리고 지배적인 자본주의 국가들이 '테러와의 전쟁'이라는 이념과 동의어인 '이데올로기 투쟁'에서 승리할 수 있도록 개인은 이제 그 매개변수 안에서

▶ **실패한 국가** failed state   이에는 주로 반미 국가와 미국 등 서구 제국주의의 개입으로 인해 인종·종교 분쟁이 발생해 내전 상태에 있는 나라들이 포함된다. 미국 중앙정보부CIA는 '실패한 국가'로 20개국을 선정한다. 소말리아, 짐바브웨, 이라크, 아프가니스탄, 북한 등이 여기에 속한다. 이들 '실패한 국가'가 테러를 국외로 수출한다고 해서 '테러와의 전쟁'이란 이름으로 서구 제국주의의 무력 개입을 정당화하는 명분으로 이용되고 있다. 미국의 외교잡지《포린폴리시FP》는 매년 세계 177개국을 대상으로 정치, 사회, 경제, 안보 등 12개 분야의 불안 정도를 조사해 계량화한 '실패국가 지수'를 발표한다.

▶ **악의 축** axis of evil   조지 W. 부시 미국 대통령이 2002년 1월 30일 연두교서에서 사용한 용어로, '악의 축' 국가란 '대량살상무기개발과 테러지원 국가'를 뜻한다. 그동안 미국은 북한, 쿠바, 이란, 이라크, 리비아, 수단, 시리아 등 반미 국가들을 소위 '불량국가', 즉 '테러지원국'으로 지칭해왔는데, '악의 축'이라는 용어를 새롭게 도입하여 특히 이란, 이라크, 북한을 지목한 것이다. 미 제국주의의 제3세계 침략전쟁을 정당화하기 위해 주요 반미 국가인 이란, 이라크, 북한을 악마화하려는 이데올로기 공세이다. 미국 레이건 대통령은 1980년대 초 소련에 대한 냉전 공세로 군비경쟁을 강화하면서 소련을 '악의 제국Evil Empire'으로 지칭한 바 있다.

교육되어야 한다. 그런데 이 '이데올로기 투쟁'은 (겨우 얼마 전까지만 해도 설교되고 적극 고무되었던) ▶'이데올로기의 종언'과 행복한 자유주의적 ▶'역사의 종말'이라는 신화와 날카롭게 대비되는 개념인데, 갑작스레 [부정적인 용어가 아니라: 역주] 긍정적인 용어로 매우 자주 선전되고 있다. 그리하여 자본의 더 먼 과거와 비교해볼 때, 교육적 이상이 오늘날 우리가 직면한 것보다 더 완전히 퇴락한 경우는 상상하기 어렵다. 그리고 이 모두는 시스템이 사용할 수 있는 모든 수단을 통해 대통령과 수상들이 걸핏하면 입에 올

➤ 『**이데올로기의 종언**The End of Ideology』(1960)　　미래에는 과학기술 혁명에 의해 정보와 지식의 생산이 중요하게 되는 탈산업사회로 이동해감에 따라 이데올로기의 중요성이 사라지게 될 것이라고 주장한 D. 벨Bell의 저서. 이데올로기의 '종언' 또는 '탈이데올로기'는 마르크스주의와 이에 바탕을 둔 정치운동 시대는 지났다는 의미로 주로 사용되는데, 1955년 이탈리아의 밀라노에서 개최된 국제회의가 발단이 되어 프랑스의 R. 아롱, 미국의 S. M. 립셋, D. 벨 등이 주장했다. 이 주장은 현대의 선진 산업사회에서는 산업화 과정에서 나타나는 노동자와 자본가의 근본적이고도 전면적인 이해대립이 첨예화되는 것이 아니라 극복된다는 관점에 근거한다. 이런 주장은 1960년대 중반까지 유행처럼 퍼져 나갔으나, 1960년대 후반~1970년대 초 유럽, 미국 등에서 전개된 '68 혁명'으로 대표되는 사회운동에 의해 실천적으로 반증되었고, 이론적으로 비판되었다.

➤ 『**역사의 종말**The End of History』(1989)　　미국의 정치학자 F. 후쿠야마Francis Fukuyama(1952~)의 저서. 그는 동유럽, 소련 등 현실사회주의의 붕괴로 자본주의와 공산주의의 체제경쟁에서 자본주의가 승리함으로써 역사는 끝났다고 주장했다. 이런 '역사의 종말'론은 1991년 소련의 붕괴 이후 시장경제와 자유민주주의를 선전하는 이데올로기로 활용되었다.

리는 말인 '민주주의와 자유'의 이름으로 우리 시대에 장려되고 있다. 상품사회가 일상생활에서 개인에게 다소 자연발생적으로 작동하는 편재한 세뇌를 통해 온전히 보완된 자본주의적 허위의식의 곡해된 성격을 이보다 더 분명하게 드러낼 수 있는 것은 아무것도 없다.

8.2

　사회주의 교육관은 자본주의 발달의 상승국면에 공식화된, 계몽된 부르주아지의 가장 고상한 교육적 이상과도 질적으로 다르다. 왜냐하면 그런 교육적 이상은, 그 주창자들이 신흥질서의 부절제와 이미 가시화된 일부 추세가 개인의 인격 발달에 미치는 부정적인 영향에 대하여 비판적 입장을 취했다고는 하나 그들이 '자본의 입장'에 섬으로 인해 그들에게 부과된 한계를 불가피하게 안고 있었기 때문이다. 그렇다 하더라도 그들은 (자신이 애착을 가진 사회에 대해 어떤 잘못된 것도 보려고 하지 않는) 최근의 자본 이데올로그들과는 현저히 달랐다.

　주요 부르주아 계몽가들은 특정 개인의 전면적 발달을 인간적으로 실현하는 것을 지지, 옹호했다. 그러나 그들은 개인의 전면적 발달이 (위협적인 '무미건조한' 특성과 그에 따른 당연한 귀결인, 애덤 스미스가 웅변적 목소리로 대항했던 '도덕적 방탕'을 포함한 인간적인 궁핍화로부터 해방된) 자본주의 사회의 틀 내에서 성취되는 것을 보기를 원했다. 그러나 자본의 관점으로 세계를 전망했기 때문에, 그들은 자신의 이상을 실현하기 위해 사회질서 전반에 요구될 **근본적인 변화**를 구상할 수 없었다. 그들이 채택한 자본의 관점으로는, 그들의 유토피아적 대항 이미지에 걸맞은 도덕적·미학적으로 훌륭한 개인에 적용되는, 그들 자신의 교육적 이상과 의기양양한 신흥 사회질서 간의 **구조적 양립 불가능성**을 파악할 수 없었기 때문이다.

　교육이론에서 **변화** 개념이 얼마나 핵심적인지는 아무리 강조해도 지나치지 않다. 왜냐하면 모든 교육 시스템의 궁극적 실행 가능성(여부)과 전반적인 지평을 결정할 것이기 때문이다. 이 측면에서 지배적인 역사적 상황에서 위대한 부르주아 계몽가들이 파악한 변화는 특성상 한쪽으로 기울 수밖에 없었다. 왜냐하면 그들이 파악한 변화는 구체제를 지배했던, 실효된 봉건적 사회질서와 관련해서는 충분히 급진적이었던 반면, 미래에 대해 그들이 주창한 변화관은 부정적인 사회역사적 추세에 대항하는 환상적 방식인 특정 개인에 대한 인격교육의 발전으로 확장될 수 있었을 뿐이기 때문이다.

자본의 사회질서의 구조적 규정, 즉 개인의 발달에 필연적으로 영향을 미쳤고, 항상 매우 중요하게 영향을 미치고 있음에 틀림없는 규정을 비판적으로 다루는 것은 그들의 손이 전혀 미치지 못할 수밖에 없었다. 비난받은 발전 추세에 대한 교정책은 개인주의적 용어로써만 구상될 수 있었다. 말하자면, 최종적 평가에서는 의기양양한 신흥 자본주의 질서의 구조적 틀과 적대의 증대를 그대로 남겨두는 방식으로. 이런 까닭에, 매우 조리 있게 다듬어진 개인의 미적 교육에서도 제안된 '해독제'가 (실현될 수 없는) 유토피아적 대항 이미지 이상으로 나아가지 못할 수밖에 없었다. 왜냐하면 부정적 효과들을 생산하고 냉혹하게 재생산하는 인과 규정을 밝혀내지 않고는, 그리고 적절한 사회적 용어로써 효과적으로 반격하지 않고는 강력한 사회적 추세가 개인의 형성에 미치는 부정적 효과를 차단하는 것은 전혀 불가능하기 때문이다.

그리하여 상승기 부르주아지의 매우 위대한 인물들도 자본의 관점을 비판적 지평의 넘어설 수 없는 사회적 전제로 채택한 까닭에, 그들은 (계몽주의 대표들이 이상적으로 적절한 개인의 인격 교육을 통해 개혁하기를 원했던) 사회적 힘의 부정적 효과와 결과에 대항하여 다소 고립된 특정 개인의 투쟁을 기획하는 것을 넘어서지 못했다. 이 투쟁은 성공적으로 마무리될 수 없었다. 왜냐하면 하나의 강력한 사회적 힘을 고립된 개인의 파편화된 작용으로 정복할 수 없기 때문이고, 또한 비판받은 질서의 인과구조적 규정은 인과 영역에서 그들 자신의 기준으로, 즉 응집력 있는 **구조적 대안**의 역사적으로 지속 가능한 힘으로 맞서고 반격해야 하기 때문이다. 그러나 여기에는 물론 문제의 사상가들이 근본적으로 다른 사회적 관점을 채택하는 것이 필요할 것이다. 즉 그 자신의 구조적 인과 규정에 대항하는 자본의 개혁 잠재력의 불가피한 한계를 현실적으로 평가할 수 있는 사회적 관점을 필요로 한다. 그러므로 자본의 관점을 그들 자신의 비전의 전반적 지평으로 채택한 점이 위대한 계몽주의 사상가들의 실행 가능한 교정 수단을 (자본 시스템의 역사적 전개의 아직 상대적으로 유연한 상승 국면에서조차) 절망적으로 유토피아적인 대항수단의 주창으로 제한시켰다는 것은 놀랄 만한 일이 아니다. 이 상승 국면은 충분히 발달한 상품사회의 적대적 계급 규정이 (개혁될 수 없는) 물화되고 소외된 사회구조로 철저히 고착화되기 이전이었다.

과거의 교육적 이상과 실제, 그리고 지속 가능한 사회주의 변혁 과정에서 직면해야 할 역사적 도전에 적합한 관점 사이의 대비를 분명히 파악할 수 있는 지점이 바로 여기이다. 사회주의 교육에 대한 요구는 개인에게 제시된, 그들이 순응할 것으로 상정된 몇몇 유토피아적 이상으로써 결코 정식화定式化될 수 없다. 이런 정식화에서는 개인이 희망적으로 규정된 추상적·도덕적 '당위'의 힘을 통해, 다소 고립되어 있지만 '도덕의식이 있는' 개인으로서 그들의 사회생활 문제에 반작용하고 극복하리라는 다소 소박한 희망에서, 개인이 몇몇 유토피아적 이상에 순응할 것으로 상정된다. 그런 당위의 힘은 과거에도 결코 작동하지 않았고, 미래에도 작동하지 않을 것이다. 역사적 조건의 변화로부터, 또한 그 사회구성원으로 연루된 인민의 상태라는 객관적 제약으로부터 끊임없이 일어나는 실제적 도전들에 대응할 필요가 명백한데도 그러하다. 추상적·도덕적 당위의 제안이 표면상으로 아무리 매력적이고 칭찬할 만한 것으로 나타난다 하더라도, 사회주의 교육을 사

> ➤ **스타하노프 운동** 소련의 제2차 5개년 계획 기간(1933~1937) 중 국민경제 전
> 반에 걸쳐 전개된 노동생산성 향상운동이다. 능률 보상에 의한 생산 증강법을
> 말한다. 사회주의적 경쟁의 한 형태이고, 1935년 소련의 탄광부 A. G. 스타하노
> 프Stakhanov가 신기술을 최대한으로 이용, 공정을 변혁함으로써 경이적인 생산
> 증가를 초래한 데서 유래했다. 스타하노프는 1935년 노르마(기준량)의 14배에
> 달하는 102톤을 채탄하는 기록을 세웠다. 그 후 전국 노동자에게 '스타하노프에
> 게 배우라'는 운동이 전개되었고, 높은 실적을 올린 노동자는 '스타하노프 노동
> 자'로 선정되어 높은 임금을 받았다.

회생활의 결함에 대한 개인주의적 해독제로 파악하는 것은 완전히 자멸적
인 것이 될 것이다. 소련 사회에서 노동윤리의 변혁을 위한 ➤'스타하노프
운동의 장려'가 총체적으로 실패한 것은 문제가 되는 쟁점의 훌륭한 일례
다. 그러한 장려는, 의사결정과정에서 노동자들을 권위주의적으로 배제하
는 데서 야기되는, 주어진 상황에서 **마지못해하는 노동력**이라는 지배적 노
동윤리의 근원에 있는 인과 규정을 터무니없이 무시했기 때문에 실패했다.
　사회주의 교육은 성공적으로 실행될 수 있다. 왜냐하면 그 평가 관점, 즉
과거의 자본 관점을 채택하는 데 내재하는 구조적 한계들과 대비되는 관점
이 사회주의 교육의 관심을 (적절한 사회적 교정을 요청하는) 인과 규정된 실
질적 사회 문제들로부터 (단지 실현될 수 없는 유토피아적 기획만을 낳을 뿐인)
추상적이고 개인주의적 · 도덕적인 호소로 돌리게 할 필요가 없기 때문이
다. 사회적 원인은 그 적절한 수준에서, 즉 역사적으로 발생하는 원인들과
변화 가능할 뿐 아니라 명확히 식별할 수 있는 구조적 규정으로서, 사회주
의 교육의 틀 내에서 직시해야 하고 직시할 수 있다. 그리고 이 접근방식에
서는 매우 고통스러운 **심대한** 사회변화의 요구를 직시하는 도전은 부정적

인 생각이 아니라 오히려 의식적으로 형성될 미래라는 개방적 관점과 분리할 수 없는 긍정적인 생각이다. 바로 그렇기 때문에, 요구되는 교육적 힘은 사회구성원들이 구상하고 채택한 사회주의적 발전이라는 목표와 가치의 실현을 위해 성공적으로 활성화될 수 있다.

따라서 사회주의 변혁 과정에서 교육에 대한 이상적 요구와 교육의 실제적 역할은 자신들이 **사회적 개인**으로서 직면해야 하는 도전을 의식하고 있는 **사회적 개인**의 활동을 통해, 자신들의 도전에 대응하기 위해 요구되고 자신들이 정성들여 만든 가치와 부합하게 사회적 과정을 발전시키는 데 지속적으로 효과적으로 개입하는 것에 있다. 이는 사회적 개인의 도덕의식 발달 없이는 생각할 수 없다. 그러나 여기서 도덕은 수많은 영국 교회에서 대리석에 새겨놓은 '너의 신을 두려워하고 너의 왕에게 복종하라!'는 비문碑文처럼, 분산되고 다소 추상적·도덕적 '당위' 담론의 이름으로 위로부터는 말할 것도 없고, 외부로부터 특정 개인에게 부과되는 것이 아니다. 또한 그것은 자본의 명령이 지배하는 모든 사회에서 개인에게 덧붙여진 그러한 반半종교적인 외부 명령에 대한 세속적 등가물도 아니다. 그와는 달리, 사회주의 교육의 도덕은 합리적으로 인식되고 추천되는 광범위한 **사회변화**와 관련되어 있다. 그 도덕의 교의教義는 선택된 과업에 대한, 그리고 그 과업을 성취하기로 한 자신들의 의식적 결정에서 개인이 떠맡을 부담에 대한 구체적인 평가를 기초로 하여 표명된다. 이런 방식으로 사회주의 교육은 (어떤 주어진 시기에 진행 중인 전반적인 역사적 변혁과 분리할 수 없고 또한 그 역사적 변혁과 긴밀히 상호작용하는) **사회주의 의식의 지속적인 발전**으로 규정될 수 있다. 달리 말하면, 사회주의 교육의 규정적 특징은 이 글에서 논의된 사회주의 발전의 모든 관련 지향원리에서 생겨나고, 그 지향원리와 깊숙이 상호작용한다.

개인의 인격 발달뿐만 아니라 사회의 핵심적인 구조적 규정에도 동시에 적용되는, 변화에 대한 근본적으로 다른 태도 때문에, 교육의 온전한 의미는 사회주의적 관점 내에서만 열매를 맺을 수 있다. 그러나 이런 사정을 부각시키는 것만으로는 절대로 충분하지 않다. 왜냐하면 같은 동전의 다른 면이, 전반적인 사회 변화에서 교육의 중대한 역할 때문에, 의식적으로 구상된 변혁 과정에 대한 교육의 영속적 기여 없이는 지속 가능한 역사적 발전의 핵심 목표들을 성취할 수 없다는 점이기 때문이다.

자본의 사회신진대사 지배하에서 다양한 형태로 만연하는 허위의식에 대한 필수적인 비판이 사회주의적 발전의 주창을 과거의 제약이나 모순과 대립시키는 경계선이다. 이 비판은 '생산적' 자본의 이른바 합법적인 헤게모니와 자본주의적으로 '고용된' 노동의 총체적 종속이라는 물신物神하에서 실제의 사회 재생산 교류관계를 전도시키는 신비화를 통해 지배되고, 그리하여 사회 전반과 그 실제적 작동에 대한 의식과 생산적 개인에게 '사물의 인격화와 인간의 물화'[2]라는 허위의식을 성공적으로 부과하는 신진대사에 대한 비판을 말한다.

허위의식의 힘은 당연히 (아무리 선의善意라 하더라도) 개인의 교육적 계몽만으로는 극복될 수 없다. 고립된 개인인 특정 개인은 허위의식의 물화物化에 휘둘리게 된다. 왜냐하면 그들이 끼워 넣어지는 역사적으로 주어진 실제적 재생산 관계가 '사물의 인격화와 인간의 물화'의 기초 위에서만 기

---

2   *Economic Manuscripts of 1861-63*, p.457.

능할 수 있기 때문이다. 따라서 인류의 지속 가능한 재생산 관계의 미혹迷
惑적이고 궁극적으로 파괴적인 전도顚倒를 변경해내려면, [허위의식에 대한
비판과: 역주] 동시에 허위의식의 물화가 특정 개인을 지배하는 것에 반대하
는 포괄적인 사회변화가 요청된다. 바로 그처럼 포괄적인 사회변화만이 지
속적으로 [허위의식의 물화를: 역주] 극복해낼 수 있다.

'점진적 개혁'과 그에 상응하는 부분적 변화에 만족하는 것은 자멸적인
것이다. 문제는 그 변화가 갑자기 도입되는가 아니면 더 장기에 걸쳐 도입
되는가 하는 것이 아니라, 그 성공적 실현이 얼마나 오래 걸리는가에 상관
없이 일관되게 추구되는 기본적인 구조변혁의 전반적인 전략 틀이다. 현재
수립된, 그리고 미래의 상호배타적인 사회신진대사 통제 형태 사이의 양자
택일에 걸려 있는 것은 시간과 공간 모두에서 전 지구적이다. 이 때문에, 사
회주의 기획은 (구조적으로 구축되고 소외를 야기하는) 자본의 사회신진대사
에 대한 헤게모니적 대안으로 표명되고 또한 일관되게 발휘될 경우에만 성
공할 수 있다. 즉 사회주의 대안질서가 그 생산적 발전 과정에서 모든 사회
를 포괄하고, 또한 기존의 자본의 사회신진대사 통제에 대한 노동의 헤게
모니적 대안의 역사적 불가역성을 확보하는 기조로 포괄할 때에만 성공할
수 있는 것이다.

사회주의 기획에서 자본 시스템의 구조적인 지배적 허위의식에 대한 불
가피한, 그리고 공공연한 근본적 비판 때문에, 우리가 채택한 물질적 변혁
의 수단은 우리가 내건 교육 목표와 분리할 수 없다. 그 까닭은 사회주의적
사회변혁의 지향 원리가 (사회주의 의식의 지속적 발전인) 교육과 전면적으
로 연계되지 않고는 실현될 수 없기 때문이다. 앞서 논의된 모든 지향 원리
는, 모든 수준의 의사결정에 대한 진정한 참여로부터 (자율적으로 '각자의 삶
을 뜻있게 만드는 것'을 포함하는 계획의 의미로 파악된) 포괄적인 계획에 이르

기까지, 그리고 사회 전반에서 실질적 평등의 점진적 실현으로부터 국제질서의 긍정적 전개 속에서 실행 가능한 경제의 전 지구적으로 지속 가능한 조건에 이르기까지, 교육의 힘이 이 목적을 위해 온전히 작동될 때에만 현실화될 수 있다.

그 수단은 어떤 시기에 채택되었건 항상 변화해야 하고, 계속 변화해야 한다는 의미에서도 역사적이다. 유리한 조건하에서 얻어진 성취가 점진적으로 고양되고 심화된다는 것은 두말할 필요가 없다. 그러나 물론 전도顚倒가 선험적으로 배제될 수 없다는 것은 똑같이 당연하다. 그래서 많은 부분은 지속적인 변혁 과정에서 사회주의 교육이 얼마나 효과적으로 개입하느냐에 항상 의존할 것이다. 긍정적 잠재력과 부정적 잠재력 가운데 어느 쪽이 얼마만큼 우세할지를 최종적으로 결정하는 것은 사회주의 교육의 개입이다.

8.4

오늘날 선진 자본주의 사회에서는 '존중 의제'에 관한 논의가 매우 많다. 이 의제는 청소년의 사회적 소외가 악화됨과 함께, 늘어나는 범죄와 청소년비행 형태로 표현되는, 점차 깊어가는 가치 위기를 해결하고자 하는 희망적 기획 속에 있다. 이 기획은 적절한 '책임 있는 민주 시민의 자질이라는 가치에 대한 존중'을 헛되이 가정하면서, 개인의 의식에 다소 수사학적으로 직접 호소함으로써 가치 위기를 해결하고자 한다. 그리고 그 모든 공허한 설교가 실패할 때, 비난받는 부정적 징후의 사회적 원인을 회피하기 때문에 그런 설교가 실패할 수밖에 없듯이, 자본의 정치적 인격화인 (최고위

층을 포함한) 고관대작들은 미래의 청소년 비행을 벌써 '모태母胎에서' 식별할 수 있는 방법에 관해 이야기하기 시작한다. 이는 가능한 가장 초기 단계에 잠재적인 미래 범죄행위를 다루는 데 '필요한' 권위주의적 국가 입법조처를 의미한다. 이런 접근노선은 '테러와의 전쟁'을 승리하기 위해 '이데올로기 투쟁을 무자비하게 추구할 것'을 주창하는 자본주의 국가보다 더 합리적이지도 덜 권위주의적이지도 않다. 동시에, 파괴적인 효과와 결과를 생산하고 재생산하는 기존 사회질서의 구조적 규정들을 변화시킬 가능성은 절대적으로 배제된다. 현재 상태 그대로의 사회에 어떤 심각한 잘못이 있을 수 있다는 것은 무조건 부정되어야 한다. 단지 비난 대상으로 편향되게 선발된 개인만이 교정 행동을 필요로 할 수 있을 뿐이다. 그리고 그 교정 행동은 **직책상** 모든 것을 더 잘 안다고 주장하는 특권그룹이 자천自薦한 개인, 즉 자본의 사회경제적 · 정치적 질서의 '의지의 인격화'와 보호자들이 제공한다.

그래서 헤게모니적 대안 질서의 수립만이 정당화될 수 있다. 그러한 질서의 교육 틀은 개인적이면서 사회적이며, 이 둘은 **분리될 수 없다**. 사회주의 교육의 피교육자는 단순히 전통적인 교육적 이상의 모델에 나오는 분리 · 독립된 개인일 수 없다. 앞서 이미 지적했듯이, 주창된 교육적 교의敎義와 원리는 대체로 통상 도덕적 장려로 진술되는, 특정 개인의 의식에 직접 호소하는 형태로 표현되었다. 이와는 달리, 사회주의 교육은 고립된 개인이 아니라 **사회적** 개인을 다룬다. 달리 말하면 사회주의 교육이 관심을 가지는 개인은 자기 지시적인 고립된 개성에 대한 전통 철학의 추상적 · 일반적 담론과는 달리, 개인으로서의 자기규정이 개인의 실제적인 사회적 배경과 특수한 역사적 상황, 즉 그 속에서 개인의 인간적 도전이 불가피하게 일어나는 상황에 대한 개인의 관계가 없이는 상상할 수도 없는 개인이다. 왜냐하면 개인이 가치를 수립하도록 이끄는 것은 바로 그의 구체적인 사회적·역사적 상황이기 때문이다. 그리고 개인은 그처럼 스스로 수립한 가치를 통해 규정적 행동형태에 대해 적극 헌신함으로써, 주요 변혁이 진행 중일 때 그를 자율적이고 책임 있는 사회적 개인으로 규정하는, 스스로 의식적으로 선택한 적절한 역할을 실현할 수 있다. 그들이 이 가치를 정식화定式化하도록 이끄는 것은 바로 그들의 구체적인 사회적·역사적 상황이기 때문이다. 이런 방식으로, 사회적 개인의 실제적으로 효과적인 교육은 자기교육이라는 교육의 가장 깊은 의미와 같아지게 된다. '부유한rich 사회적 개인'에 대한 마르크스의 언급이 가리키는 바는 실행 가능한 교육 틀인 이런 식의 자기 정의라고 여겨진다.

사회적 책임을 ('개인이 그에 순응하기로 기대되는' 몇몇 외적인 '이상'을 주창하는) 전통적 철학 담론의 추상적·도덕주의적 '당위'가 아니라, 실제적인 사회적·역사적 상황에 통합되어 있는 현실적 힘으로 상정하는 것은, 교육 자체를 하나의 전략적으로 핵심적인 사회기관, 즉 사회주의 의식의 지속적인 발전과 분리할 수 없는 사회적 실천으로 이해하는 기초 위에서만 가능하다. 그리고 그것은 결국 헤게모니적 대안질서의 틀 내에서 근본적으로 다른 변화에 대한 태도 때문에 실행 가능하다.

사회의 중요한 구조적 규정에 대한 비판이 불법적인 것으로 선고되고, 그리하여 가장 폭력적인 것을 포함한 시스템이 동원할 수 있는 모든 수단으로 방지되는, 자본의 사회신진대사 틀과는 분명히 다르게, 새로운 질서에서 선험적으로 변화로부터 면제될 수 있는 것은 아무것도 없다. 사회 발전의 역동적 전개와 부합하게 역사적으로 주어진 조건을 변경하는 것은 헤게모니적 대안 질서에서 수용될 수 있을 뿐 아니라 결정적으로 중요하다. 그에 대한 실패는 공언된 사회주의 정신ethos에 배치될 뿐 아니라, 20세기

▶ **존 로크**John Locke　계몽철학과 경험론 철학의 원조로 일컬어진다. 자연과학에 관심을 가졌고 반反 스콜라적이었으며 『인간오성론An Essay Concerning Human Understanding』 등의 저서를 남겼다. 교육에도 많은 관심을 보여 소질을 본성에 따라 발전시켜야 한다고 주장했다.

역사가 비극적으로 보여주었듯이 사회로부터 그 긍정적인 발전 잠재력을 박탈할 것이다.

사회주의 교육의 역할은 이 측면에서 매우 중요하다. 사회주의 교육의 사회적이면서 동시에 개인적인 내적 규정은 (사회주의 교육이 그것을 통해 자신의 영향력을 행사할 수 있는) 상호관계에 기초하여 사회주의 교육에 독특한 역사적 역할을 부여하고, 사회 발전 전체에 주요한 영향을 미친다. 사회주의 교육은 사회변혁 과정에서 의식적이고 효과적인 개입으로 표명될 때에만 그 임무를 완수할 수 있다.

사회적 개인은 한편으로 주어진 과업과 도전의 실현에, 그리고 그리하여 그들 사회의 중대한 변혁에 능동적으로 기여할 수 있고, 동시에 성취된 변화 과정에서 의미 있는 방식으로 형성되기 때문에, 방금 언급한 상호관계는 이 점에서 긴밀하게 관련된다. 실제로 사회적 개인은 진행 중인 발전의 의의에 대한 그들 자신의 긍정적인 자각을 통해 합리적으로 형성되고, 이들 발전에서 자신의 능동적인 역할을 올바르게 이해한다. 사회적 개인이 진행 중인 발전에 대해 진정한 동의를 바탕으로 형성한 이런 종류의 내면화는 '암묵적 동의'라는 철저히 변호론적인 교의와의 근본적인 결별을 나타낸다. 이 변호론은 그 창시자인 ▶존 로크 시대 이래로 기존 질서에 대한 정치 이론에서 지배적이었다.

사회 변화에 개인이 능동적으로 관련되는 것은 그 최선의 의미에서의 사회적 교호交互작용이라 할 수 있다. 이것은 사회적 개인과 그들 사회 사이에 서로 유익한 상호관계에 기초한 의미 있는 사회적 교호작용이다. 그 매우 중요한 구조적 규정을 포함한 헤게모니적 대안질서의 다양한 측면이 몇몇 당국當局에 의해 사회적 개인의 손이 미치지 않도록 지정된다면, 그러한 서로 유익한 상호관계의 출현과 강화는 전혀 불가능할 것이다. 그 경우에 사회적 개인의 '자율성'은 아예 무용지물이 될 것이다. 이는 상품사회의 개인이 행한다고 가정하는 '주권이 있는 선택'의 경우 그 자율성이 실제로는 무의미한 것과 마찬가지이다. 그래서 사회주의 의식의 지속적인 발전으로서의 사회주의 교육의 의의는, 특정 개인을 사회적 개인으로 규정하는 (그리고 이 규정하는 용어[사회적 개인: 역주] 자체의 의미를 동시에 분명히 해주는) 상호관계의 이런 핵심적 의미에서, 더할 나위 없이 크다. 왜냐하면 사회주의 변혁의 중요한 지향 원리에 입각한 역사적으로 실행 가능한 발전의 필요조건은 그 과정에 대한 교육의 매우 적극적인 기여를 통해 실현되기 때문이다. 교육 없이는 그 어떤 필요조건도 자신에게 요구되는 사회적 기능을 완수할 수 없다.

8.5

대표적인 사례로서, 우리는 현재의 지배적인 경제 관행을 질적으로 다른 종류의 것으로 변혁하기 위해 요구되는 근본적인 변화와 관련하여, 특정 개인과 그들 사회 사이의 서로 유익한 상호관계 형태로 입증되는, 교육의 심대한 중요성을 매우 명확하게 볼 수 있다. 그 차이는 핵심적인 물질 재생산 영역과 직접 관련되어 있다. 그 물질 재생산 영역의 건전성은 물질 재생산 영역에 깊이 매개되어 형성되는 문화 관행의 실행 가능성에서도 핵심적이다. 왜냐하면 물질 재생산 과정을 지배하는 자본의 시간 명령은 계급사회 전체의 착취적인 구조적 관계에 직접 영향을 미칠 뿐 아니라, 동시에 특정 개인의 생애에서 물질적·지적 활동의 모든 측면에 부정적이고 인간적으로 궁핍화하는 효과를 부과하기 때문이다. 따라서 그 안에서 사회주의 교육이 핵심적 역할을 맡고 있는 인간해방을 욕구하는 것은 근본적인 도전을 나타낸다.

자본주의 사회의 재생산 관행은 시간 회계에 의한 비인간화를 그 특징으로 한다. 이 시간 회계는 노동하는 개인, 즉 시스템의 (소외를 야기하는) 시간 명령을 강제하는 매우 의욕적인 의지의 집행자인 '자본의 인격화들'과 대비되는 개인을 필요노동시간의 폭정에 복종하도록 강제한다. 마르크스가 규탄했듯이, 이런 방식으로 노동하는 개인 ─그의 용어로는 잠재적으로 '부유한 사회적 개인' ─ 은 그들의 생애에 걸쳐 소외당하는 고통을 겪는다. 왜냐하면 그들은 '노동에 포섭된, 단순한 노동자로 격하되기'[3] 때문이다. 게다가 이런 구조적 종속과 그에 상응하는 격하는 결코 이야기의 끝이 아니다. 일정한 상황에서, 특히 주요한 사회경제적 위기 상황하에서 노동자들은 또한 실업이라는 악행惡行, 냉소적으로 위장하고 위선적으로 정당화된 '노동유연성'의 곤경과 광범위한 불안정화의 야만도 겪어야 한다. 이들 상황 모두는 자본주의적 노동과정의 동일한 운용 규정으로부터 생겨난다. 이런 상황은 한편으로 자본의 시간 회계의 구제 불가능한 비인간성과 다른 한편으로 시스템의 변경 불가능한 시간 명령의 구조적 강제에서 기인한다.[4]

---

3   Marx, *Grundrisse*, p.708.
     [역주] 번역본: 『정치경제학 비판 요강 II』, 김호균 옮김(그린비, 2007), 384쪽.

이미 살펴보았듯이, 노동의 헤게모니적 대안은 (사회주의적 회계의 인간적으로 부유한 필요조건들과 동의어인) 근본적으로 다른 **시간 회계**의 수립이다. 오직 그 기초 위에서만 '**부유한 사회적 개인**'의 생산 관행의 전면적 전개를 구상하는 것이 가능하다. 이것은 역사적으로 지배적인 **필요노동시간**의 폭정으로부터 가처분시간을 사회 재생산의 지향원리로서 의식적으로 채택하여 창조적으로 사용하는 쪽으로 근본적으로 전환함으로써만 실행 가능하다.

이런 중대한 전환을 생각하는 것은 분명히 광범위한 함의를 갖는다. 왜냐하면 필요노동시간을 대체할 수 있는 실제로 효과적인 시간 회계로서 가처분시간을 채택하는 것과 관련된 질적 변화의 필요성에 관심의 초점을 맞추는 바로 그 순간에, 사회주의 교육의 힘을 완전히 작동하지 않고는 그런 근본적인 전환이 사회에서 만들어지는 것을 생각할 수 없다는 사실이 충분히 분명해지기 때문이다. 이것은 두 가지 주된 이유 때문이다.

첫째, 가처분시간을 사회 재생산 과정의 새로운 지향과 작동의 원리로 제정하는 것은 가처분시간에 대한 의식적 신봉을 필요로 하기 때문이다. 이는 전반적인 **경제적 강제** 형태로 사회를 지배하는 필요노동시간의 폭정과 총체적으로 대비된다. 경제적 강제는 의식적인 **통찰**에 의해서가 아니라, 심지어 자본의 인격화들이 뒤늦게 노동과정에 도입하는 특정 경제 단위들에 적용 가능한 **극히 부분적인** '계획'에 의해서가 아니라, 자본과 노동 간의 적대적 모순과 **사후적인** 시장의 힘에 의해 규제된다. 노동자들은 필요노동시간의 작동 틀에 진입하는 과업을 위해 교육될 필요가 없다. 그들

---

4 *The Challenge and Burden of Historical Time*, Chapter 5[이 책의 전체 버전 『역사적 시간의 도전과 책무』 제5장: 역주]에서 일부 중요한 관련 쟁점들에 관한 논의를 참조하라.

은 그 작동 틀의 명령을 벗어날 수 없을 뿐이다. 왜냐하면 그러한 명령이 (기존 사회질서에서 **구조적으로 확보된** 예속하에 그들이 놓여 있는 것에 상응하는) 절대적인 '사회적 운명'으로 그들에게 직접 **부과되기** 때문이다. 이런 까닭에 마르크스는 그런 틀을 '인류의 무의식적 조건'이라 적절하게 불렀다. 또한 이처럼 자본주의적 노동과정의 맹목적인 ─ 아무리 이상화된다 하더라도 ─ 시간 회계 때문에, 자본주의적 노동과정에 편재하는 지배적인 무의식이 의미하는 바는 그 궁극적으로 파괴적인 함의와 더불어 통제 불가능성이다.

둘째, 똑같이 중요한 이유는 가처분시간에 기초하여 노동과정을 규제하는 것을 가능케 하는 사회적 주체는 다수의 사회적 개인이 의식적으로 결합한 세력, 즉 관례상 부르는 바와 같이 '자유롭게 연합한 생산자들'만이 될 수 있기 때문이다. 여기서 우리는 이런 사회적 주체가 다시 한 번 필요노동시간에 기초한 사회 재생산 과정을 규제하는 '주체'와 현저하게 다르다는 것을 알 수 있다. 왜냐하면 고유한 주체가 전혀 아닌 **자본 시스템** 일반의 구조적 명령이 생산과 사회의 재생산을 규제하는 힘이라는 점에서, 필요노동시간은 협소하게 결정론적일 뿐 아니라 전적으로 비인격적이기 때문이다. 기존 시스템의 시간 명령의 가장 의욕적인 집행자들조차 그러한 구조적 명령에 다소 성공적으로 **복종할** 수 있을 뿐이다. 만약에 그들이 물신숭배적 명령에 대해 요구대로 순응하지 못한다면, 그들은 머지않아 그들 기업의 파산을 통해 시스템의 틀로부터 쫓겨날 것이다. 자본 시스템의 물신숭배적 신비화에도 불구하고, 참된 생산 주체는 노동자들이다. 통제하는 주체로 전제되는, 그러나 실제로는 기존 질서의 필연적으로 지배적인 구조적 명령을 통해 엄격하게 통제당하는 자본가는 강탈적인 사이비 주체에 지나지 않는다. 그 결과, 유일한 실제 생산 주체인 노동만이 우리 시대의 역사적 조건하에서 실현 가능하고, 생산적으로 실행 가능한 규제 의식을 획득할 수 있다. 여기서 분명히 해야 할 것은, 우리가 고립된 노동자로서 자본의 사회적 힘에 맞서고 있는 경험주의적인 사회학적 범주의 특정 노동자에 대해 말하는 것이 아니라 헤게모니적 대안질서에서 보편적인 생활의 조건으로서 의식적으로 결합한 사회적 개인의 노동에 대해 말하고 있다는 점이다. 이것이 가처분시간에 기초한 사회 재생산 과정을 의식적으로 규제하는 것을 가능케 하는 유일하게 실현 가능한 사회적 주체이다. 또는 동일한 변증법적 상호관계를 다른 방식으로 표현하면, 가처분시간을 우리 생활의 지향원리와 실제로 효과적인 작동원리로 의식적으로 채택하는 것을 통해서만 헤게모니적 대안질서에서 생산과 사회의 재생산에 대한 적절한 통제를 가능케 하는 사회적 주체의 발전을 구상할 수 있다.

앞서 언급했듯이, 문제가 되고 있는 주체는 사회적인 동시에 개인적이다. 이 사회적 개인은 새로운 사회신진대사 질서의 창조적 필요조건들을 충족시킬 수 있는 교육과 자기교육의 과정 없이는 생각할 수 없다. 사회가 현재의 상태 그대로 있는 한, 가처분시간을 생산의 핵심적 작동 원리로서 어디에서나 채택하는 것은 단지 추상적인 잠재력일 뿐이다. 미래는 그러한 추상적 잠재력을 구체적이고 창조적인 현실로 전환시킬 우리의 능력(또는 실패)에 달려 있다.

필요노동시간의 폭정은 노동자들에게 부과되는 것이다. 노동자들은 자본 시스템의 틀 내에서는 항상 마지못해하는 노동력일 수밖에 없다. 더구나 필요노동시간의 부과는 또한 그 자신의 기준에 비추어 보아도 낭비적이다. 왜냐하면 필요노동시간의 작동은 엄격히 위계적인 명령 구조의 수립을 전제하는데, 이 위계적 명령 구조는 몇몇 측면에서 극히 문제적이거나 심지어 그것의 경제적 기능으로 주장되는 것에서조차 실제로는 전적으로 기생적이기 때문이다. 위계적 명령 구조하에서의 필요노동시간의 작동과 비교해보면, 자율적인 사회적 개인이 의식적으로 선택한 목표를 실현하는 데 전념하는, 가처분시간에 기초하여 생산과 사회의 재생산을 수행하는 것의 우월성은 부인할 수 없이 명백하다. 왜냐하면 자유롭게 연합한 생산자들은 자본의 필요노동시간의 구조적 명령의 부과하에서 마지못해하는 노동력으로부터 쥐어짜 낼 수 있는 것보다 비교할 수 없이 더 많은 자원들을 처리하기 때문이다.

사회적 개인의 생활이 그들의 역사적으로 변화하는 사회 환경과 긴밀한 상호작용을 하는 데 없어서는 안 될 요소인, 사회주의 의식의 지속적인 발전으로서의 교육은 그것이 물질적 재생산의 변화에 끼치는 중대한 영향을 통해서도 확인할 수 있는 결정적인 힘이라는 점이 여기서 또한 강조되어야 한다. 교육이 물질적 재생산의 변화에 미치는 영향은 필요노동시간으로부터 (노동하는 개인이 그들 사회의 처분에 맡긴) 자율적으로 결정된 가처분시간으로 작동원리를 전환하는 데서 직접 비롯된다. 명백히, 오직 사회적 개인만이 개인으로서 (그들 사회의 창조적 업적을 가능하게 만드는) 그들 자신의 **가처분시간**의 성격(즉, 질적 차원)과 양을 그들 스스로 그리고 그들 자신을 위해 의식적으로 결정할 수 있다. 그런 모든 것은 그들이 관련 생산 과업에 바칠 작업 시간수와 강도 양자 모두와 관련된다. 예전에 불가피했던 필요노동시간의 지배와는 달리, [그들로부터: 역주] 분리된 권력이 그런 필요조건을 결정하거나 그들에게 부과할 수 없다.

새로운 변혁과정에 긍정적으로 기여하는 것을 가능하게 하는 유일한 힘은 **교육** 그 자체이다. 그리하여 교육은 개인과 그들 사회 사이의 **서로 유익한 상호관계**를 현실화시키는, 앞서 언급했던 **사회적 기관**으로서의 자신의 역할을 완수한다. 여기에는 아무것도 (미리 확립된 규범으로서) **사전**事前에든 아니면 제약적인 **결말**로서든 부과될 수 없다. 우리는 헤게모니적 대안 질서의 긍정적으로 개방적인 재생산 과정에서 진정한 **상호작용**이 나타나는 것을 볼 수 있다. 사회주의 교육의 매개를 통해 개인의 생산력은 확장되고 고양되며, 동시에 그들 사회 전체의 전반적인 재생산력을 확대시키고 더욱 해방적인 것으로 변화시킨다. 이것이 **사회적 부의 증가**의 유일하게 역사적으로 지속 가능한 의미이다. 그 의미는 자본 시스템의 숙명적인 낭비와 분리할 수 없는 (우리 유한한 세계에서 궁극적으로 파괴적인) **자본 확장**의 물신적 숭배와 대비된다.

교환가치의 사용가치에 대한 지배와 그리하여 우리 전 지구적 질서에서 인간의 필요에 대한 체계적이고 냉담한 부인否認은 사회적 개인이 의식적으로 채택하고 행사하는 가처분시간이라는 사회주의적 지향원리로 근본적으로 전환하는 것에 기초해서만 교정될 수 있다. 가치지향적인 자기교육인 사회적 개인의 교육은 (그들이 직면해야 할 역사적 과업이나 도전과 변증법적 상호의존관계에 있는) 그들의 사회주의 의식의 지속적인 발전과 분리할 수 없는데, 이런 교육은 그들의 인간성에서뿐 아니라 그들의 생산력에서도 역시 그들이 성장하도록 만든다. 이런 사회적 개인의 인간성과 생산력에서의 성장이 그들에게 자율적 주체로서의 창조적인 자기실현에 필요한 근거를 제공해준다. 여기서 자율적 주체란 그들 사회의 역사적으로 지속 가능한 긍정적 발전을 확보하는 데서 그들의 이해관계와 책임을 충분히 자각한, 특정 사회적 개인으로서 그들 자신의 삶을 뜻있게 만들 수 있는 (그리고 동시에 그들 자신의 삶에 뜻을 부여할 수 있는) 주체를 말한다. 그리고 물론 '부유한 사회적 개인'이라는 표현에 진정한 의미를 부여하는 것도 이런 사회적 개인의 인간성과 생산력에서의 성장이다.

8.6

자신의 재생산 필요조건이 사회주의 교육과 없어서는 안 될 관련을 맺고 있는 (헤게모니적 대안 사회질서의) 핵심적 지향원리 모두에도 앞서 논의된 동일한 고려사항이 적용된다. 왜냐하면 사회변혁 ── 개인과 그들 사회 사이에서 더욱더 의식적인 변증법적 상호관계를 작동시키는 교육의 능력을 통해 성취되는 ── 과정에서 교육의 매우 능동적이고 항상적인 관여를 통해서만, 처음에는 단지 일반적인 지향 원리와 가치에 지나지 않는 것을 효과적·역사적으로 전개되고 구체적으로 작동하는 힘으로 전환하는 것이 가능하기 때문이다.

사회적 개인은 (자신이 선택한 사회적 목표의 실현에 자유롭게 투여된) 자신의 가처분시간의 성격과 양을 향상시키는 것을 의식적으로 결정할 것인데, 그 사회적 목표는 사회적 개인 자신들만이 지속성 있게 자율적으로 결정할 수 있다. 동일한 방식으로, 그들만이 모든 수준의 의사결정에서 실질적 참여의 의미를 규정할 수 있다. 왜냐하면 창조적으로 해방적이고 생산적인 참여는 관련 과업의 성격을 그 역사적 존재이유를 포함하여 적절히 이해하고, 동시에 (그들의 사회 질서를 지속 가능하게 규제하는 전면적으로 참여적인 방식과 분리할 수 없는) 커다란 책무를 의식적으로 수용할 필요성을 통찰함으로써만 생각할 수 있기 때문이다.

마찬가지로, 실질적 평등의 의미는 오직 사회주의 의식의 지속적인 발전으로서의 자기변혁적 교육을 통해서만 정당한 일반적 지향원리로부터 (창조적으로 지속 가능하고 인간적으로 풍요롭게 하는) 사회현실로 ── 그리고 근원적인 가치 규정과 그 진정한 정당화에 대한 사회 성원의 상응하는 전적인 긍정적 일체감으로 ── 전환될 수 있다. 이런 형태의 교육을 통해 (과거로부터 물려받은) 구조적으로 구축되고 치명적으로 파괴적인 **물질적·사회적·정치적** **불평등**의 사회 재생산 관계에 의식적으로 대항하고 이를 교정할 뿐 아니라, 동시에 여전히 우리 사회의식에 침투한 아주 오래된 실질적 불평등 문화가 지닌 (깊숙이 배태된) 신비적인 힘을 극복할 수 있어야 한다.

소련형型 사회시스템에서 경제 **계획**의 통탄할 만한 실패는 국가가 공표한 계획에 대해 사회적 개인의 자발적인 협력을 확보할 필요성을 묵살한 채, 위로부터 매우 권위주의적 방식으로 경제 계획을 사회에 부과하려는 관료주의적 시도에서 비롯되었다. 의식적인 긍정적 협력은 핵심적 필요조건이었다. 그런 필요조건은 특정 개인이 자신이 선택한 생산 목표의 달성에 의식적인 일체감을 갖도록 만들기 위해 (앞서 언급된 바와 같이 노동하는 개인과 그들의 더욱 폭넓은 사회참여 사이의 상호관계 형태와 기조의) 실제 효과적인 자기교육으로서의 교육이 긍정적으로 개입하지 않고는 얻을 수 없다. 의식적인 긍정적 협력 없이는 개인은 결정적으로 중요한 영역에서 변혁과정에 자율적으로 기여하기 위해 전반적인 계획 자체와 창조적으로 상호작용할 수 없다.

그리고 하나 더 예를 든다면, 우리가 우리 시대에 사회의 민족적 차원과 국제적 차원의 변증법적 상호보완성에 대해 생각할 때, 의식적으로 추구되고 합의에 의해 성립된 교육으로서의 교육의 역할이 매우 중요하다는 것은 즉각 밝혀진다. ▶피델 카스트로를 인용하자.

우리가 인민을 **국제주의와 연대**의 기풍으로 깊이 교육하고, 인민이 오늘날 우리 세계의 문제를 의식하게 만드는 데 성공한 정도만큼, 딱 그만큼만 우리는 우리 인민이 자신의 국제적 의무들을 완수할 것으로 믿을 수 있을 것이다. 연대가 민족들 사이에서도 동시적으로 창출되지 않는다면, 한 민족

> **▶ 피델 카스트로**Fidel Alejandro Castro Ruz(1926~) 쿠바의 혁명가·정치가, 쿠바 혁명의 지도자. 1953년 당시 쿠바의 독재자 바티스타Batista 정권을 전복하기 위해 156명의 동지들과 함께 몬카다Moncada 병영을 습격했으나 실패하고 체포되어 15년형을 선고받았다. 1955년 특사로 풀려나서 망명한 후, 1956년 86명의 동지들과 함께 시에라마에스트라Sierra Maestra에 숨어들어 게릴라전을 전개했고, 1959년 바티스타 정권을 무너뜨리고 쿠바혁명을 승리로 이끌었다. 1961년 미국 정부의 지원을 받아 쿠바 해안을 침공한 반혁명군을 격퇴했으며, 그해 5월 쿠바혁명의 사회주의적 성격을 선언했다. 카스트로는 1980년대 후반~1990년대 초반 동유럽, 소련의 몰락에도 불구하고 쿠바 사회주의를 지켜냈다. 2006년 병으로 인해 친동생이자 공식 후계자인 라울 카스트로Raul Castro 국방장관에게 임시로 권력을 이양했으며, 2008년 국가평의회 의장직을, 그리고 2011년 쿠바 공산당 제1서기직을 라울 카스트로에게 이양했다.

의 성원 사이의 연대도 말할 수 없다. 그렇게 하지 못하면, 우리는 민족 이기주의에 빠질 위험이 있다.[5]

극히 부정적이고 분열적인 과거 유산은 민족들의 의식에 여전히 매우 큰 부담을 주고, 오늘날 세계의 여러 지역에서 갈등과 파괴적 대결의 끊임없는 분출에 적극 기여하고 있다. 사회주의 의식의 지속적인 발전으로서 사회적 개인이 자율적으로 실행하는 교육의 창조적인 힘이 없이는 이들 모순과 적대로부터 벗어나는 것은 생각할 수 없다. 왜냐하면 그런 교육만이 문

---

5   1972년 6월 7일 폴란드의 카토비체Katowice 시市에서 행한 피델 카스트로의 연설, Tablada Pérez, *Economia, etica e politica nel pensiero di Che Guevara*(Milan: Il Papiro, 1996), p.165에서 인용.

제가 되는 쟁점의 성격과 의의를 그들이 명확하게 통찰할 수 있도록 해주고, 동시에 우리의 전 지구적으로 뒤얽힌, 그리고 우리의 역사적 시간에 불가피하게 민족적이고 국제적인 사회질서에서 파괴적 추세를 억제하는데, 그들 자신의 긍정적인 역할을 온전히 책임지도록 그들을 고무하기 때문이다.

이 모든 문제에서 우리는 우리의 사회 재생산 질서의 근본적이고 포괄적인 구조적 변화의 결정적인 필요성에 관심을 가지고 있다. 이런 구조적 변화는 과거의 역사적 발전에서 지배적일 수밖에 없었던 맹목적인 물질적 규정을 통해 성취될 수 없다. 더구나 우리 자신의 역사적 조건의 거대한 문제와 난관들은 (예전의 역사 시대에서는 결코 겪어보지 못한) 명백한 **시간의 긴박함**으로 인해 훨씬 심화되고, 악화되고 있다.

이 측면에서는 우리 자신의 시대에 시간의 긴박함을 예리하게 부각시키는, 말 그대로 결정적인 [다른 시대와의: 역주] 차이 두 가지를 지적하는 것으로 충분하다. 첫째, 오늘날 인류가 동원할 수 있는 (예전에는 상상할 수 없었던) 파괴력이다. 이 파괴력에 의한 인류의 완전한 절멸이 다양한 군사수단으로 손쉽게 성취될 수 있다. 이것은 지난 20세기에 (두 차례의 극단적으로 파괴적인 세계대전을 포함한) 실제 전란戰亂의 규모가 점차 중대해가고 강도가 점차 커져 가는 것이 목격되었다는 사실을 통해 심각하게 예고되고 있다. 더구나 혼란스런 '새로운 세계질서'라는 (지난 수년 동안 매우 어리석고 냉소적인) 구실이 인종학살 전쟁을 벌이기 위해 사용되었고, 지금도 사용되고 있으며, 동시에 미래의 '예방적·선제적' 전쟁 기획에서 핵무기의 '도덕적으로 정당화된' 사용으로 우리를 위협하고 있다. 그리고 두 번째로 심각하게 위협적인 조건은, 우리 시대에 자본의 사회신진대사 통제의 파괴적 성격 — 생산적 파괴라는 자본주의 신화神話의 전통적인 자기정당화와는 달리,

파괴적 생산의 훨씬 더 큰 우위를 통해 나타나는 — 이 자연환경을 황폐화시키는 과정 중에 있고, 그리하여 이 행성에서 인류 생존의 기본조건을 직접 위협하고 있다는 점이다.

적어도 이들 조건은 한편으로 우리 자신의 역사적 시대의 극적인 시간의 긴박함을, 그리고 다른 한편으로 위험들과 의식적으로 대결하고, 또한 유일하게 합리적으로 실행 가능한 — 그리고 용어의 가장 깊은 의미에서 협력적인 — 교정책을 추구하는 데 전념하지 않고는, 관련된 심각한 문제에 대한 실행 가능한 해법을 찾을 수 없음을 설득력 있게 뒷받침한다. 그리하여 문제가 되는 과업의 전례 없는 규모와 그것들의 항구적인 해법을 강요하는 우리 시대의 역사적으로 독특한 긴박함 때문에, 사회주의 의식의 지속적인 발전에 부여된 역할은 매우 근본적이다.

기존 사회신진대사 질서에서 근본적이고 포괄적인 구조적 변화의 필요성은 변혁의 전반적 전망으로서의 사회의 체계적 규정을 질적으로 재정의再定義할 필요성을 동반한다. 현존 사회재생산 질서에 대한 부분적 조정이나 주변적 개선은 그 도전에 응하는 데 전혀 충분하지 않다. 왜냐하면 그것들은 경제적·군사적 파괴 영역과 생태적 지평 모두에서 분명히 식별할 수 있는 위험을 다만 확대된 규모로 재생산할 뿐 아니라, 실제로 우리를 강하게 구속하는 역사적 시간이 지나면 또한 필연적으로 악화시킬 뿐이기 때문이다. 이런 까닭에, 자본의 사회신진대사 통제에 대한 헤게모니적 대안의 수립과 공고화만이 우리 시대의 모순과 적대로부터 벗어날 길을 제공할 수 있다.

위에서 살펴보았듯이, 경합하는 헤게모니적 대안을 가장 현저하게 구별해주는 것은 대안의 변화에 대한 근본적으로 서로 다른 태도이다. 구조적으로 중대한 변화의 긴박함에 대한 모든 증거에도 불구하고, 자본의 사회신진대사 통제는 구조적으로 중대한 변화라는 생각과는 절대 양립불가능하다. 이와 달리, 사회적 노동의 헤게모니적 대안질서는 (사회의 물질적·문화적 재생산의 구조적으로 핵심적인 규정을 포함한) 개인적·사회적 삶의 모든 수준에서 변화의 역동적인 힘을 긍정적으로, 그리고 의식적으로 포괄하지 않고는 전혀 기능할 수 없다. 이는 연속적이고 포괄적인 사회의 기초 위에서 사회적 개인이 의식적으로 기획하고 자율적으로 결실을 맺는 그 이름에 값하는 계획을 반드시 추구함으로써만 실현 가능하다.

이런 의미에서 변화는 헤게모니적 대안질서에서 최종 마감에 대한 청구로써 채택된 하나의 특정 단계 또는 단계들로서가 아니라 (사회주의 변혁 과정에서 생성되고 실제로 환영받는 일정한 새로운 도전은 항상 있다), 오직 사회주의 의식의 지속적인 — 결코 최종적으로 완성되지 않는 — 발전을 통해서만 실행 가능하다. 그리하여 헤게모니적 대안 사회신진대사 통제양식은 효과적인 물질적 생산과 포괄적인 사회 재생산 능력을 통해서뿐만 아니라, 개인적·사회적 의식의 힘을 현실화시키는 자신의 (자유롭게 채택되고 운영상 중요한) 지향원리의 항구적인 영향으로써도 정의된다. 인류가 맞닥뜨린 도전에 대응하고 인류의 생존 조건을 향상시키는 데 대한 가치 규정이나 의식적인 헌신과 긴밀히 병행하여, 사회역사적 상황 변화 속에서 인류가 의식적으로 정식화한 기획과 구상과 끊임없이 상호작용하지 않고는, 물질적 생산과 포괄적인 사회 재생산 능력은 실제로 전혀 발전할 수 없다. 그리고 여기서 언급되는 향상은 물질적으로 일어날 뿐 아니라 '자기 계발하는 부유한 사회적 개인'의 온전한 의미와도 부합되게 일어난다.

기존 사회신진대사 질서와 그에 대한 헤게모니적 대안 사이의 이런 주장들의 대립관계에서 나타나는 사회적 개인의 의식은 우선 무엇보다도 자본의 사회재생산 통제양식의 파괴성 증가에 대한 역사적으로 지속 가능한 대안을 성공적으로 수립할 필요성에 대한 의식이다. 동시에, 관련된 인민의 자기인식과 역사적으로 적절한 자기규정과 관련해서 변혁과정에 복무하는 사회적 개인에게 요구되는 의식은 그들이 현 상황에서 유일하게 실행 가능한 헤게모니적 대안질서의 수립에 능동적으로 복무한다는 긍정적인 자각이다. 비타협적인 규정과 일관성을 가지고 주장된, 이런 종류의 자기규정이 아니고는 성공할 수 없다. 우리는 여기서 인류 역사의 결정적인 시기에 제기된 포괄적인 질적 변혁이라는 독특한 임무와 관계한다. 이 결정적 시기는 다름 아닌 바로 인류 생존 자체가 직접 걸려 있는, 예전에는 상상할 수 없었던 시기이다.

문제가 되는 핵심적인 역사적 임무를 성취할 유일한 사회적 기관은 사회주의 의식의 지속적인 발전을 확고하게 지향하는 교육이다.

8.7

자본의 관점으로, 즉 시스템의 개념적 매개변수가 필연적으로 구속하는 관점으로 세상을 볼 때 선험적으로 배제되는 것은 구조적 변화라는 사상이기 때문에, 자본의 관점으로 그 역사적 지평이 설정된 절대다수의 비전에서 미래 차원은 생략될 수밖에 없다. 따라서 헤겔 같은 철학의 천재도 세계사에 대한 그의 기념비적 파악에서, 현재 [차원: 역주]에 이르렀을 때 단지 끝을 자른 시간 변증법만을 제시할 수 있었다. 그는 "세계사는 동에서 서로 옮겨간다. 왜냐하면 유럽이 절대적으로 역사의 끝이기 때문"[6]이라며 변호론적이고 결국 그 진정한 의미는 반反역사적일 수밖에 없었던 방식으로 주장함으로써, 모든 구조적으로 중요한 미래의 변화 가능성 앞에 놓인 길을 효과적으로 봉쇄했다. 그리고 그는 한술 더 떠서 세계사의 절정과 이념적 완성을 향한 이런 발전 과정은 "진정한 신정론神正論, 즉 역사 속에 존재하는 신의 정당화"[7]라고 덧붙였다.

궁극적으로 자멸적인 자본의 관점에서는 발전 전망은 즉시성이라는 단기전망과의 관련이 시간 지평을 지배하는 방식으로 조정되어야 한다. 모든 변화에 대한 구상은 앞으로 변경될 조건들이 자본 시스템과 그에 상응하는 가치 규정의 기존 구조 틀에 즉각 적합할 때에만 용인될 수 있고 정당화된다.

물질적 열망과 사회적 가치를 포함한 개인의 교육적 지향은 똑같은 방식으로 유도되고, 자본주의적 즉시성 문제[단기 전망: 역주]에 의해 직접 지배된다. '미래'에 관한 한, 개인의 시간의식은 그들의 일상생활에서 물신숭배적이고 억압적인 즉시성이라는 힘과의 투쟁, 즉 자본의 필요노동시간의 지배하에서 그들이 도저히 승리할 수 없는 투쟁 속에서 끊임없이 갱신되는 현재시제로 제한된다. 그러므로 국지주의Localism와 즉시성이 도처에서 지배적일 것이다. 물질적·사회적으로 실행 가능한 전반적인 구조적 변화 개념은 (그것의 바람직함과 타당성은 물론이고) 지배적인 교육 시스템의 용어에서 계속 절대적 금기여야 한다.

자본주의적으로 편리한, 국지적인 것과 즉시적인 것에 대한 숭배는 널리 유포되고, 서로 분리할 수 없게 함께 간다. 그리하여 이른바 영구적인 '자연질서'라는 자본 관점의 자기 신화화에 순응하는 시각에서는 (근본적인 사회역사적 변화의 필연성, 또는 최소한 그 가능성을 일정한 미래 시기로 구상할 수

---

6 Hegel, *The Philosophy of History*, p.103.
7 같은 책, p.457. [역주] 152쪽 신정론 설명 참조.

밖에 없는) 포괄적이고 변혁적인 목표와 이상의 역동성이 보이지 않는다는 것은, 개인의 일상생활에서 그들이 불가피하게 **끝이 잘린** 시간 지평을 가진다는 점을 감안하지 않으면 이해될 수 없다. 여기서 잘못된 상호관계가 둘의 관계에서 악순환을 낳는다. 개인의 끝이 잘린 시간 지평은 그들 자신에게 포괄적이고 변혁적인 목표를 설정할 가능성을 배제하고, 그 역도 마찬가지로 성립한다. 즉 개인의 전망에 포괄적이고 변혁적인 규정이 없다는 것은 그들의 시간의식을 즉시성이라는 가장 협소한 시간 지평에 계속 갇히도록 만든다.

이와 달리, 사회주의 교육은 그 적절한 시간 지평과 연계된, 핵심적으로 중요한 포괄적이고 변혁적인 목표들에 그에 합당한 중요성을 부여하지 않고는 자신의 역사적 임무를 완수할 수 없다. 물론, 이것은 구조적 변화의 매우 근본적인 목표들이 (그것들의 완전한 실현을 장기적으로 전망할 수밖에 없기 때문에) 먼 미래로 미루어져야 하거나 먼 미래로 미루어질 수 있다는 것을 의미하지는 않는다. 그와 반대로, 핵심적으로 중요한 포괄적이고 변혁적인 목표들에 그에 합당한 중요성을 부여하는 문제는, 과거에 그러했듯이 장기적이고 좀 더 포괄적인 도전들과 대립되는 노선의 자기 정당화에서는 물론, (당면 과제가 그로부터 분리되어 편의적으로 격리될 수 없는) 사회주의 변혁과정에서 직면할 수밖에 없는 쟁점의 현저한 특징이다. 그 쟁점들 자체는 포괄적인 구조적 변화의 요구라는 독특한 역사적 성격 때문에 매우 밀접하게 얽혀 있어서, 심지어 매우 먼 미래에나 **전면적으로** 실현이 가능한 변혁적 목표, 예를 들면 용어의 완벽한 의미에서, 모든 곳에서의 **실질적 평등 수립**과 같은 목표와 관련한 행동도 먼 훗날로 미루어질 수 없다. 그러한 근본적인 물질적·문화적 변화의 수립과 공고화에 요구되는 비타협적 활동의 성공적 달성을 우리가 진정으로 바란다면, 실질적 평등의 포괄적 실현으로 나아가는 일은 바로 지금 착수해야 한다.

개인의 의식과 자기의식을 논할 때 다소 허구적인 고립된 개성個性의 사적 영역으로 (상호관계를 고려하지 않고) 구획되어 있는 것에 초점을 맞추기보다는, 요구되는 사회변혁과 (문제가 되는 전반적인 목표에 꼭 필요한 것인) 사회변혁 속에서의 개인 자신의 역할의 포괄적이고 총망라하는 성격에 초점을 맞추어야 한다는 것이 질적인 구조적 변화를 주창하는 사회주의의 역사적 특수성이다. 이리하여 또한 특정 사회적 개인의 시간 지평은 아무리 장기간이라 하더라도 그들 사회의 역동적 발전 전체라는 포괄적인 역사적 시간과 분리할 수 없다. 그리하여 인류 역사상 처음으로 개인은 한편으로 긍정적으로 실행 가능한 인류 발달의 포괄적이고 변혁적인 목표와 관련하여 인류 발달에서 그들이 맡은 역할을, 다른 한편으로 그들 사회가 변화하는 데 그들 자신이 실제로 관여하고 특수하게 기여할 때의 시간 척도를 실제로 자각하게 될 것으로 기대된다.

이런 의미에서, 책임 있는 사회적 개인으로서 자신들의 역할에 대한 특정 개인의 의식과 자기의식, 즉 진행 중인 포괄적 변혁에 대한 (그들이 즉각적이지만 자율적으로 선택한) 특수한 기여를 그들이 분명히 자각하는 것은 모든 실행 가능한 성공에서 꼭 필요하고 핵심적인 부분이다. 왜냐하면 이렇게 그들 자신이 자율적으로 구성하고 형성하는 더욱 광범위한 변혁적 틀속에서 펼치는 그들의 특정 활동이 (그들 자신을 포함해 여러 세대를 이어 지속적으로 창조된) 포괄적인 역사적 시간의 한 구성요소로서 적절한 것인가를 자기 의식적으로 성찰하고 평가하지 않고는, 그들의 상대적으로 제한적인 목표조차 제대로 성취할 수 없기 때문이다. 오직 이런 전망 내에서만 그들은 '자유롭게 연합한 생산자'로서 그들 자신의 가처분시간의 핵심적 의의를 온전히 깨달을 수 있게 된다. 이는 그들이 역사적으로 지속 가능할 뿐 아니라 질적으로 다른 사회신진대사 질서를 창출하는 데 자신의 가처분시간을 자율적으로 바칠 수 있는 유일한 방식이다. 동시에 그들의 가처분시간은 그들 자신의 삶을 뜻있게 만들고 그것에 뜻을 부여할 수 있는 특정 사회적 개인인 그들의 참된 역사적 시간이기도 하다.

이런 근본적인 변혁에서 다름 아닌 실행 가능한 새로운 사회 창출의 (말 그대로 핵심적인) 필요성이 문제가 된다. 이는 지속적으로 새로운 질서의 전반적인 매개변수를 역사적으로 불가피하게 합리적으로 기획하는 것을 의식적으로 확보하지 않고는, 그리고 사회적 개인이 세대에 걸쳐 그 전반적 기획의 창조자·재창조자로서의 자기의식을 갖지 않고는, 그 성공을 생각할 수 없는 하나의 변혁이다. 그리고 이치로 보아, 그들 사회의 역사적으로 전개되는 변혁에 일체감을 가질 수 있고 또한 기꺼이 일체감을 가지고자 하는 사회적 개인의 자기 의식적이고 자율적인 가치 규정이 없다면, 요구되는 전반적 기획을 창출하고 적절하게 갱신하는 것은 생각할 수 없을 것이다.

사회주의 의식의 지속적인 발전으로 적절히 정의되는 교육의 역할은 분명히 이런 거대한 변혁 과정의 핵심적인 구성요소이다.

8.8

우리 역사적 시간이 전례 없이 긴박하다는 점을 전제하면, 21세기 사회주의는 이러한 명령으로부터 제기되는 극적인 도전을 직시하는 것을 피할 수 없다.

일반적 의미에서, 그러한 도전은 이미 마르크스 당대에 나타났다. 우리 시대에 도처에서 경험되는 바와 같이, 자본 시스템의 불가피한 구조적 위기와 밀접하게 결합하여 인류의 총체적 파괴를 쉽게 성취할 수 있는 군사적 수단과 양식이 없었기 때문에, 비록 그 시대에는 인류의 총체적인 파괴가 아직 전 지구적으로 위협적인 현실은 아니었을지라도 말이다.

마르크스 자신은 자본 시스템의 파괴 추세가 발전하는 것에 맞서 역사적으로 지속 가능하게 대항하기 위해 필요한 포괄적인 변혁적 변화를 실현할 길을 탐색하려고 열정적으로 노력했다. 그는 근본적으로 다르고 실행 가능한 사회신진대사 재생산 질서를 수립하는 획기적인 역사적 과업의 실현에 인민이 의식적으로 헌신하지 않고는 성공할 수 없음을 온전히 자각했다. 이론적 통찰이 아무리 훌륭하더라도, 그 지적 능력과 설득력만으로는 충분하지 않다. 그가 뛰어난 현실감을 가지고 이 문제를 정식화했던 방식은 "사상이 자신을 실현하기 위해 애쓰는 것으로는 충분하지 않으며, 현실이 스스로 사상으로 쇄도해야 한다"[8]는 점을 인정하는 것이었다.

그는 그 시스템 발전의 하강 국면에서 점차 파괴적으로 되어가는 자본의 물질적 힘에 맞서 역사적으로 실행 가능한 헤게모니적 대안의 물질적 힘으로써 대항해야 하고 또한 긍정적으로 극복해야 한다는 것을 충분히 간파했다. 그리하여 이론 작업이 의미 있게 되기를 갈망할 수 있는 방식을 강조하면서, 그는 방금 인용한 문장에 "이론 또한 대중을 사로잡자마자 물질적 힘으로 된다"[9]고 덧붙였다. 물론 보통의 이론이 그 일을 해낼 수 있는 것은 아니다. 그것은 (근본적인 사회변화 사상에 헌신한) 이론과 (영향을 미칠 수 있는) 물질적 힘 사이에 적절한 관계를 구성하는 문제이기 때문에, 분파주의

---

8   Marx and Engels, *Collected Works*, vol.3, p.184.
    [역주] 번역본: 『칼 맑스·프리드리히 엥겔스 저작 선집』, 1권, 10쪽.
9   같은 책. [역주] 번역본: 『칼 맑스·프리드리히 엥겔스 저작 선집』, 1권, 9쪽.

적이고 엘리트주의적인 정치담론 경우에 흔히 그렇듯이, (그것 없이는 '대중을 사로잡는 이론'이라는 사상의 주창이 공허한 도덕주의적 구호로 전락하게 되는) 그런 몇몇 핵심적으로 중요한 조건이 충족되어야 한다. 그리하여 마르크스는 "이론이 어떤 민중people의 필요를 실현하는 한에서만, 그것은 그 민중 속에서 실현될 수 있다"[10]는 점을 단호하게 강조함으로써 그 주제에 관한 그의 성찰을 마무리했다.

이론은 책만으로는 또는 심지어 선의를 가지고 가끔 모이는 수많은 군중에게 단순히 연설하는 것으로는 해당 민중에게 도달할 수 없다. 근본적인 사상은 적절한 조직적 표명 없이는 사회의식을 변화시키는 임무에 성공할 수 없다. 민중의 제반 필요와 이것들의 실현인 전략적 사상들 간의 상호교환 틀의 역사적 발전을 제공할, 하나의 응집력 있는 조직이 변혁 사업의 성공에 핵심적이다. 그러므로 마르크스와 그의 친밀한 반려인 엥겔스가 젊은 혁명적 지식인으로서 그들 시대의 가장 급진적인 사회운동에 관여했고, 또한 전 지구적 역사과정의 전개에 요구되는 비타협적인 조직적 개입을 주창했던 공산주의당 선언의 작성을 책임졌던 것은 전혀 놀랄 일이 아니다.

의식 발전의 전략적 지향에 대한 분명한 사상, 즉 (그것 없이는 그 역사적 과업의 실현으로부터 어긋날 수 있는) 전략적 지향의 필수적인 초점을 갖는다는 것도 핵심적이다. 이런 까닭에, 마르크스는 "공산주의 의식"은 "근본적인 혁명의 필연성에 대한 의식"[11]인 한에서만 그 역사적 임무를 완수할 수 있다고 강조했다.

10　같은 책. [역주] 번역본: 『칼 맑스 · 프리드리히 엥겔스 저작 선집』, 1권, 10쪽.
11　Marx and Engels, *Collected Works*, vol.5, p.52.
　　[역주] 번역본: 『칼 맑스 · 프리드리히 엥겔스 저작 선집』, 1권, 219쪽.

더구나 마찬가지로 중요하게 고려되어야 할 것은 공산주의 의식이 자신의 적을 굴복시킬 기회를 잡으려면 사회에 얼마나 폭넓게 확산되어야 하는가 하는 문제이다. 그리고 그와 함께 이 문제에 수반되는 것으로서 공산주의 의식의 광범위한 채택을 가로막는, 관련된 민중에 대한 오랜 역사적 제약이라는 지배적인 환경하에서 그것의 확산 조건들이 여전히 결여되어 있는 문제이다. 왜냐하면 전위주의의 (궁극적으로 자멸적인) 유혹은 최근에 기원한 것이 아니었기 때문이다. 그런 유혹은 마르크스 시대 훨씬 이전에 이미 두드러지게 존재했다. 이는 비단 "교육자들 자신은 어떻게 교육될 것인가"라는 문제에 대한 무지, 즉 자칭 '교육자'에게 일종의 생득권生得權 또는 직권상 우월성을 전제하는 것에 해당되었을 뿐 아니라, 더 일반적인 용어로 표현하면 그 민중의 대다수를 배제하는 의사결정이라는 핵심 쟁점에도 해당되었다. 게다가 그런 엘리트주의적 파악은 항상 무익하고 실패할 운명이다. 왜냐하면 민중의 대다수를 동원하지 않고는 지배적인 역사적 조건하에서 압도적으로 자본에 유리한 불평등한 여건에 대항하여 성공할 가망이 없기 때문이다.

우리는 과거에 도전에 대한 엘리트주의적 왜곡의 여러 유해한 구체적 표현을 목격해왔는데, 도전에 대한 모든 엘리트주의적 왜곡에 반대하여 마르크스는 다음과 같이 강조했다.

이런 공산주의 의식을 대규모로 산출하기 위해서도, 그리고 그 대의大義 자체의 성공을 위해서도 오로지 하나의 실천적인 운동, 즉 혁명 속에서만 이루어질 수 있는 광범위한 인간 변혁이 필요하다는 것, 그러므로 혁명이 필요한 까닭은 단지 지배계급이 달리 전복될 방법이 없기 때문만이 아니라, 지배계급을 전복하는 계급이 오직 혁명 속에서만 시대의 모든 오물을

스스로 벗어버리고, 사회를 새롭게 건설할 역량을 갖출 수 있기 때문이기도 하다는 것.[12]

이런 고려들은 현재와 미래에 대해서도 또한 계속 타당하다. 분파주의적인 전위주의는 거대한 역사적 과업에 결코 부응할 수 없다. 이 과업은 적敵을 성공적으로 극복할 수 있는 혁명적 대중운동의 구성뿐 아니라 동시에, **사회를 새롭게 건설할 역량을 갖출 수 있도록** 시대의 모든 오물에 의한 무력화로부터 '스스로 벗어나는 것'도 포함한다. 이것이 마르크스가 공산주의 대중의식의 필요성을 "민중이 그에 따라야 하는 **추상적 이상理想**"과 대비시킨 이유이다. 그러한 접근방식의 주창자들이 자각했건 아니건, 분파주의적 전위주의는 항상 대다수 민중에게 마르크스가 개탄한 추상적 이상을 강요하려는 시도 바로 그것이었으며(결코 다른 것일 수는 없었다!), 공산주의 대중의식이라는 타당한 대안을 거만하거나 아니면 적어도 순진하게 ▶'포퓰리즘'이나 그 아류로 기각하는 것이었다. 그리고 분파주의적 전위주의의 '추상적 이상'을 외부에서 강요하는 것은 그에 대한 몇몇 헌신적인 옹호자들 스스로가 [외부의 강제에 의해서가 아니라: 역주] 개인적으로 기꺼이 그에 따른다는 이유만으로 그 해악이 줄어든다고 볼 수 없다.

역설적으로 20세기 몇몇 시기에 마르크스의 표현을 빌리면, "현실이 스스로 사상으로 쇄도했다". 그러나 '사상'은 근본적인 변혁의 요구에 입각한 사회적·정치적 전략들과 함께 그에 상응하는 조직적 표명으로 구체화되었어야 했는데 그 도전에 부응하지 못했다. 자본의 구조적 위기가 심화되

---

12 같은 책, vol. 5, pp. 52~53.

[역주] 번역본: 『칼 맑스·프리드리히 엥겔스 저작 선집』, 1권, 220쪽.

는 가운데 조성된 유리한 조건을 활용하지 못할 가능성에 대처하기 위해서는 아래에 나오는 영향력이 큰 두 가지 중대한 문제가 기억되어야 한다. 그 둘과 관련하여, 사회주의 의식의 발전에 대한 매우 큰 요구로서 교육의 역할이 무엇보다 가장 중요하다. 왜냐하면 사회주의 의식의 발전 없이는 자본의 신진대사 질서가 심각한 구조적 위기를 겪는다 하더라도 그 위기가 '사회를 새롭게 건설하는' 과정을 작동시키는 데 결코 충분하지 않기 때문이다.

첫 번째 문제는 지배질서로부터 역사적으로 지속 가능한 미래 사회로의 필수적 이행에 관한 것이다. 우리가 앞서 살펴보았듯이, 지금 깊숙이 구축된 자본의 사회신진대사 질서는 反가치의 지배, 즉 치명적으로 낭비와 파괴를 긍정하는 함의를 그 특징으로 한다. 이 반가치의 지배는 반가치의 유지와 확장에 적합하도록 '교육'을 인민의 체제 순응적 순치행위로 격하시킴으로써 인민을 자본 시스템의 파괴적이고 자멸적인 필요조건들을 '내면화'하도록 강제한다. 이런 의미에서 이행사회에서 새로운 사회신진대사 질서로 옮겨가는 것은 자본의 재생산 질서가 물려준 사회적 풍조ethos를 극복할 필요성과 분리할 수 없다. 오직 사회적 개인의 근본적인 자기교육으로 간주되는 교육을 통해서만 "오직 하나의 **실천적인 운동**, 즉 혁명 속에서만 일어날 수 있는" 그들의 '변혁' 과정에서 사회적 개인은 동시에 교육자이자 피교육자가 될 수 있다. 마르크스가 강조했듯이, 이것이 사회를 선발된 소수의 신비롭게 우월한 '교육자'와 그들에게 영원히 예속된 '피교육자' 지위 신세가 된 그 나머지 사회성원으로 나누는, 모든 엘리트주의가 지니고 있는 보수적인 이분법을 극복할 (생각할 수 있는) 유일한 길이다. 이 측면에서 우리는 '사회를 새롭게 건설할 역량을 갖출 인민의 변혁'에 대한 주장이 사회의 압도적인 다수를 포괄하는 '공산주의 대중의식'의 발전을 통해서만 실행 가능하다는 점을 끊임없이 명심해야 한다.

몇몇 이상화된 미래의 원리에 맞추기 위해 없어져 주기를 바랄 수 없는, 그러한 주어진 특징을 가진 **이행** 사회에서 이런 공산주의 대중의식의 발전이 이루어진다. 사회주의 변혁의 일반적 지향원리가 추동력으로 전환될 수 있고, 파악된 긍정적 잠재력을 점차 높여내며, 상속된 부정적 구성요소들의 힘을 감소시킬 수 있는 유일한 방법이자 수단은 실제로 이용 가능한 매개적 지렛대, 즉 현재와 지속 가능한 미래 사이의 식별 가능한 실천적인 매개[13]이다. 이런 과정이 성공하기 위해서는 긍정적 잠재력과 성과를 (개인이 그에 기초하여 성공적으로 건설할 수 있는) 필요한 기반으로 공고화함으로써, 변화와 연속성 양자의 실천적인 변증법에 의존할 필요가 있다. 당연히 이행 사회에서 이용 가능한 매개적 지렛대를 움켜쥘 적절한 방식은, 위대한 계몽 사상가들의 실현되지 못한 교육적 이상에 관하여 우리가 앞서 살펴본

---

13 철학 용어 가운데, 매개 범주는 새로운 사회질서로의 역사적 이행기에 특별히 커다란 중요성을 가진다.

바와 같은, 더욱 먼 과거의 진보적인 열망을 우리 자신의 기획에 맞게 의식적으로 조절하고, 그리하여 자본이 체계적 위기를 겪는 현 단계에서 절대적으로 적대시하는 잃어버린 역사적 연속성을 재창조하는 것을 포함한다. 성공적인 이행은 연속성과 변화의 지속 가능한 변증법 내에서 전개되는 하나의 핵심적인 역사적 과정이다. 그러한 과정의 두 개의 타당한 변증법적 구성요소 가운데 어느 하나를 포기하는 것은, 둘 다를 억누르는 것은 말할 것도 없고, 자본이 오늘날 열중하고 있듯이 오직 역사를 파괴할 수 있을 뿐이다. 이행 사회의 매개적 지렛대를 장악하고 적절히 조절하는 데서 자기교육하는 교육의 자율적인 역할은 긍정적 연속성의 필수적인 건설자이다. 그것은 미래의 선택을 향하여 전개되므로 살아 있는 역사이고, 아울러 어려운 이행기에 그들 자신의 역사를 살아가는 사회적 개인의 의식적인 생활의 방식이다.

두 번째 문제는 우리가 직면한 **국제적 도전**에 관한 것이다. 왜냐하면 국지주의의 숭배가, '작은 것이 **아름답다**'는 순진한 낭만주의로부터 수사학적으로는 매혹적이지만 자멸적이고 일방적인 구호인 '전 지구적으로 생각하고 **지역적으로 행동하라**'에 이르기까지, 자본의 전 지구적 지배와 파괴 자원들에 맞서기에는 총체적으로 무력하다는 것은 누구도 심각하게 부인할 수 없기 때문이다. 동시에, 사회주의적 국제주의의 힘으로써 자본의 전 지구적 권력과 조직적으로 대결하려고 한 과거의 시도들이 그들이 선언한 목표에 부응하지 못했던 것도 역시 부인하기 매우 어렵다. 인터내셔널이 실패한 주요 이유 가운데 하나는, 그들의 출발점과 필수적인 작동양식으로서 교의敎義상의 통일이라는 매우 비현실적인 — 역사적으로 제약된 것이었지만 — 전제, 그리고 (일탈과 궁극적인 내부파열로 귀결된) 다양한 자멸적인 방식으로 그러한 교의상의 통일을 **강제**하려는 시도였다. 우리의 역사적 시간의 필요조건과 잠재력에 부합하게 이 문제를 의식적으로 교정하는 것은 미래에 대한 주요한 도전을 나타낸다.

다른 한편, 국제 영역에서 자본의 이데올로기적 지배는 **실질적 불평등 문화**의 강력한 밑받침을 받았다. 그것은 '세계사적' 나라들에 영원히 예속될 운명의 이른바 약소민족을 희생하여 '**세계사적 민족**', 즉 규정적인 역사적 상황하에서 지배하게 된 한 줌의 자본주의 강대국의 자기 편의적인 신화를 조장했다. 이런 견해는 추상적인 철학에서는 역사적 우연을 일종의 선험적인 존재론적 필연이라는 고상한 지위로 격상시켰고, 이는 유럽의 '세계사적 민족'이 '절대적인 역사의 종말'을 나타낸다는 식의 변호론적 견해에서 그 절정에 달했다. 이와 같이, 총체적으로 정당화될 수 없는 지배와 구조적 예속 체계는 (우연히 확립되었을 뿐 역사적으로 바뀔 수 있는) 야만적인 세력관계를 영구적인 실질적 불평등의 요구로 사변적으로 희화화함으로써 정당화되었다.

교육의 역할은 또한 이 측면에서도 핵심적이다. 왜냐하면 한편으로 역사적으로 변화하는 전 지구적 질서에서 영구적으로 지속 가능한 **실질적 평등**의 인간관계를 더 빨리 실현하기 위해서는 모든 형태의 오래된 **실질적 불평등** 문화의 변호론적 성격을 사회주의 교육의 탈신비화하는 힘을 통해 폭로하는 것이 필요하기 때문이다. 그리고 다른 한편으로 **조직적으로** 실행 가능한 사회주의 연대형태의 수립을 통해 자본의 전 지구적 지배에 성공적으로 대결하는 방식을 정교화하는 데 교육이 긍정적으로 개입하는 것이 우리의 역사적 시간의 거대한 **국제적 도전**에 대응하는 데 사활적이기 때문이다.

찾아보기

지은이 _ 이스트번 메자로스 István Mészáros

1930년 헝가리 출생. 부다페스트 대학에서 루카치의 조교로 수학했으며, 1956년 영국으로 망명하여 서식스 대학 철학 교수로 정착했다. 그 후 마르크스, 루카치, 사르트르에 관한 저작을 포함하여 많은 철학, 정치경제학, 문화 저작을 저술했으며 *Marx's Theory of Alienation*(『마르크스의 소외론』)으로 1971년 아이작 도이처 상을 수상했다. 현재 남미에서 활동 중이다.

주요 저작으로는 *The Power of Ideology*(『이데올로기의 힘』, 1989), *Beyond Capital* (『자본을 넘어서』, 1995), *The Challenge and Burden of Historical Time*(『역사적 시간의 도전과 책무』, 2008) 등이 있다.

옮긴이 _ 전태일을 따르는 민주노동연구소

1990년 2월 설립. 전태일 열사의 인간해방 사상을 따라, 변혁적 노동운동을 발전시키고 자본주의를 넘어선 새로운 사회를 모색하는 실천적 이론을 연구, 보급하고 있다. 『경제 대공황과 IMF 신탁통치』(1997, 한울), 『신자유주의와 세계민중운동』(1998, 한울)을 펴낸 바 있다.(전화 02-756-4726)

한울아카데미 1411

21세기 사회주의

ⓒ 전태일을 따르는 민주노동연구소, 2012

지은이 | 이스트번 메자로스(István Mészáros)
옮긴이 | 전태일을 따르는 민주노동연구소
펴낸이 | 김종수
펴낸곳 | 도서출판 한울

편집 | 김경아

초판 1쇄 인쇄 | 2012년 1월 10일
초판 1쇄 발행 | 2012년 1월 20일

주소 | 413-756 파주시 교하읍 문발동 535-7 302(본사)
　　　 121-801 서울시 마포구 공덕동 105-90 서울빌딩 1층(서울 사무소)
전화 | 영업 02-326-0095, 편집 031-955-0606(본사), 02-336-6183(서울 사무소)
팩스 | 02-333-7543
홈페이지 | www.hanulbooks.co.kr
등록 | 1980년 3월 13일, 제406-2003-051호

ISBN 978-89-460-5411-0   93330 (양장)
ISBN 978-89-460-4552-1   93330 (학생판)

* 가격은 겉표지에 있습니다.
* 이 도서는 강의를 위한 학생판 교재를 따로 준비했습니다.
　강의 교재로 사용하실 때에는 본사로 연락해주십시오.